LA SŒUR GRISE

ET

L'ORPHELIN,

MÉLODRAME EN QUATRE ACTES ET CINQ TABLEAUX,

PAR MM. VALORY ET MONTIGNY;

REPRÉSENTÉ POUR LA PREMIÈRE FOIS, A PARIS, SUR LE THÉATRE DES FOLIES DRAMATIQUES, LE 22 OCTOBRE 1836.

Je sauve l'honneur de votre nom. (ACTE III, SCÈNE 10.)

PARIS,

NOBIS, ÉDITEUR, RUE DU CAIRE, N° 5.

1836.

Personnages.	Acteurs.
M. BURMSTER.	MM. SAINT-MAR.
MAXIMILIEN, son fils.	JULES JUTEAU.
M. VALBENBRACK.	NEUVILLE.
HUGUES, jeune ouvrier.	PALAISEAU.
WOLFF, } amis de Maximilien.	MILET.
MAURICE, } amis de Maximilien.	BELMONT.
FRÉDÉRIC, } amis de Maximilien.	BIENFAIT.
UN BRIGADIER DE MARÉCHAUSSÉE.	DUPRÉ.
UN CONSEILLER.	
UN OFFICIER DE POLICE.	
UN DOMESTIQUE.	
SOEUR MARTHE.	Mme DELILLE.
THÉRÈSE, domestique chez Valbenbrack.	Mlle ERNESTINE.
DEUX DAMES, } personnages muets.	
2me CONSEILLER, } personnages muets.	
UN POSTILLON, } personnages muets.	
VOLEURS, } personnages muets.	
SOLDATS DE MARÉCHAUSSÉE, } personnages muets.	

La scène est à Stutgard, pour les trois premiers actes ; dans la Forêt-Noire, pour le quatrième.

Les personnages sont inscrits dans l'ordre qu'ils occupent en scène. Toutes les indications sont prises de la droite et de la gauche de l'ACTEUR. Le premier inscrit tient la droite.

J.-R. MÉVREL, passage du Caire, 54.

LA SOEUR GRISE ET L'ORPHELIN,

MÉLODRAME EN QUATRE ACTES ET CINQ TABLEAUX.

ACTE I.

PREMIER TABLEAU.

Une mansarde.—Porte au fond ; à droite, une table et une chaise ; à gauche, un lit de sangle et une chaise.

SCÈNE I.

THÉRÈSE, HUGUES.

(Au lever du rideau, ils viennent de reconduire le médecin, qui est censé descendre l'escalier.—Hugues a le bras en écharpe.)

HUGUES, à la cantonnade.

Au plaisir de vous revoir, monsieur le docteur.

THÉRÈSE, de même.

Merci des bons soins que vous avez donnés à Hugues... prenez garde en descendant ; l'escalier est si noir.

HUGUES, descendant en scène.

Au fait, ça serait dommage s'il s' cassait une jambe ou un bras... lui qui les raccommode si bien aux autres... car enfin me v'là guéri! je ne suis plus dans le régiment des éclopés...

THÉRÈSE.

Grace à ce brave homme de docteur...

HUGUES.

Et à c'te bonne sœur Marthe... que c'est elle qui m'a envoyé le cérugien de son hospice, et que j'ai été traité comme un crésus qui aurait payé deux florins par visite ; pourtant c'était la moitié pour rien... et le restant gratis.

THÉRÈSE.

Ah dam! à domicile, c'est toujours mieux qu'avec tout le monde.

(Elle s'approche du lit, où elle s'occupe à brosser et plier la redingote de Hugues *.)

HUGUES.

Ma foi, j'en sais rien ; je me rappelle encore quand on m'a ramassé... je venais de porter secours à un jeune étudiant qui se faisait abîmer de coups ; quatre contre un... en bon Allemand, j' pouvais pas souffrir ça... pour le débarrasser, je me fais casser un bras... on me porte à l'hospice, sans me demander mon adresse... on me met dans un bon lit, avec des draps blancs, des petits bouillons et du sucre dans ma tisanne... j'étais avec tout le monde, cependant... Eh ben! j'aurais pas été mieux chez moi... il est vrai qu'à l'époque, chez moi c'était sous l'établi de mon maître menuisier, et que je couchais dans les copeaux.

THÉRÈSE.

Mais depuis, la Providence est venue à ton secours.

HUGUES.

Oui, la Providence, sous les traits de sœur Marthe... après m'avoir soigné, dorlotté, pas comme une infirmière, mais comme une mère... comme la meilleure des mères... a-t-elle pas voulu absolument me louer c'te chambre, et me mettre dans mes meubles... un luxe asiatique... deux chaises et un lit de sangle!

THÉRÈSE.

Excellente femme! que ne lui dois-tu pas!

* Hugues, Thérèse.

HUGUES.

Au contraire... c'est qu'elle dit que tout ça, c'est pour rien, et que je ne lui dois pas un sou. Oh! si j' pouvais découvrir...

THÉRÈSE.

Quoi donc?

HUGUES.

Rien... une histoire qu'elle m'a contée... vois-tu, Thérèse, pour cette femme-là... mon sang, ma vie, mes deux yeux, mes deux bras... et c'est pas trop, puisqu'elle m'en a déjà rendu un... tout, j' donnerais tout!

THÉRÈSE, assise sur la chaise près du lit.

Eh ben! qu'est-ce qui me restera donc à moi?

HUGUES, s'asseyant sur le pied du lit.

Toi, c'est juste... faut te faire ta part; car t' es ma compagne d'enfance, la fille de celui qui m'a pris à la maison des orphelins, qui m'a mis le pain et le rabot à la main... et à c'te heure que ta position sociale est la même que la mienne, que tu n'as ni père ni mère, t' as besoin d'un soutien, d'un mari... et j' te soutiendrai, moi.

THÉRÈSE.

C'est-à-dire que tu m'épouseras.

HUGUES.

Dès que nous aurons un petit magot devant nous; pour se marier, faut être riches.

THÉRÈSE.

Est-ce que j'ai pas soixante-dix florins de placés?..

HUGUES.

Soixante-dix florins! c'est gentil. j' gage ben que c' n'est pas chez ton nouveau maître que tu les as amassés.

THÉRÈSE.

J' crois ben! un vieil avare d'usurier, qui se couche aussitôt qu'il fait nuit, pour ne pas brûler de chandelle.

HUGUES.

J'espère ben que tu ne moisiras pas dans cette place-là... je n' sais pas où je l'ai envoyé ton M. Valbenbrack, mais il n' me revient guère.

(Ils se lèvent tous les deux.)

THÉRÈSE.

A propos... tu sais ben, M. Maximilien... ce jeune homme pour qui t'as eu le bras cassé... il est venu l'autre jour chez M. Valbenbrack; faut croire qu'ils font des affaires ensemble.

HUGUES.

Des affaires, avec ce vieil usurier-là?.. tant pis pour M. Maximilien, que je ne connais pas beaucoup... mais qui m'a l'air d'un bon enfant.

THÉRÈSE.

C'est vrai qu'il n'est pas fier, pour un jeune homme du monde.

HUGUES.

Il est venu me voir ben des fois pendant ma maladie!

THÉRÈSE.

C'est égal... je ne me figure pas que ça soit une connaissance à fréquenter; c'est pas un jeune homme rangé que celui qui court les tavernes et les tabagies, qui se prend de dispute avec des mauvais sujets, qui se grise... car enfin, il était gris, ce jour-là..,

HUGUES.

Bah! bah! ça peut arriver à tout le monde, ça... quand on boit... peut-être qu'il a un grand feu dans l' gosier, c' jeune homme. Chut! c'est lui!

SCENE II.

MAXIMILIEN, HUGUES, THÉRÈSE.

MAXIMILIEN, entrant.

Salut, cher libérateur... je viens vous offrir un petit bonjour et une grosse poignée de main. (Il lui tend la main.)

HUGUES, lui donnant la main gauche.

Trop aimable, M. Maximilien.

MAXIMILIEN.

Encore la gauche?.. Ah ça, quand sera-t-il donc guéri ce diable de bras droit... quand pourra-t-on le secouer cordialement?

HUGUES.

Le secouer?.. pas encore de quelque temps... mais pour une poignée de main d'ami... présent. (Il dégage son bras.)

MAXIMILIEN.

A la bonne heure! nous voilà grand garçon!.. Bonjour, Mlle Thérèse... vous avez dit à mon libérateur que nous nous sommes retrouvés en pays de connaissance, chez ce vieil harpagnon de Valbenbrack?

HUGUES.

Et j'espère qu'avant qu'il soit peu, ce n'est plus là qu'on pourra rencontrer ma Thérèse.

MAXIMILIEN.

Chez M. Valbenbrack?.. bonne maison, pourtant... excellente réputation... un philantrope?

HUGUES.

Un usurier, vous voulez dire.

MAXIMILIEN.

Eh! mon cher, les usuriers... c'est la Providence de la pauvre jeunesse.

HUGUES.

Possible... mais ça n'a rien de commun avec la jeunesse pauvre.

THÉRÈSE.

Et nous sommes de c'tte jeunesse-là, nous.

MAXIMILIEN.

Et c'est ce qui m'humilie, de n'avoir encore rien fait pour mon libérateur; mais ça ne se passera pas comme ça...

HUGUES.

Comment, voulez-vous donc que ça se passe?.. croyez-vous pas que je vous ai secouru pour que ça me rapporte quelque chose?

MAXIMILIEN.

Non... je connais votre désintéressement; mais entre amis, tout est commun: vous m'avez aidé de votre courage; moi, je vous aide de ma bourse.

HUGUES.

Du tout, du tout... je n'entends pas ça.

MAXIMILIEN.

Mon jeune ami, vous avez d'autant plus tort de refuser, qu'en réalité je ne vous offre encore rien... par l'excellente raison que je suis à sec.

HUGUES.

Eh ben! tant mieux! ça me fait plaisir!

MAXIMILIEN.

Que je sois à sec?..

THÉRÈSE, riant.

Parce qu'il n'aura pas la peine de vous refuser.

MAXIMILIEN.

Ah! fort bien... mais d'un moment à l'autre, ça peut changer: hier soir, par exemple, si la chance n'avait pas tourné tout d'un coup... si la rouge avait seulement passé deux fois de plus...

HUGUES.

Eh ben?

MAXIMILIEN.

Eh bien! je serais riche, aujourd'hui.

THÉRÈSE.

Comment... comment... la rouge?..

MAXIMILIEN.

Oh! vous ne comprenez pas cela, jeune colombe... mais nous autres hommes...

THÉRÈSE.

Au contraire... je comprends parfaitement que vous parlez de fort vilaines maisons...

HUGUES.

Vrai! M. Maximilien, est-ce que vous allez quelquefois dans ces endroits-là?

MAXIMILIEN, riant.

Quelquefois... oui. (A part.) Sont-ils neufs!

THÉRÈSE.

Mais, monsieur, savez-vous qu'on s'y perd?

MAXIMILIEN, de même.

Bah! bah! on vous donne un numéro en entrant, on ne peut pas manquer de se retrouver... Ah! ah! ah! (Se reprenant.) Je plaisante, entendez-vous... n'allez pas prendre ce que je dis au sérieux.

HUGUES.

Oh! je pense bien...

MAXIMILIEN.

Je vais là... moi... par hasard... quand j'ai de l'argent de trop, ce qui n'arrive pas souvent... parce que le papa est un peu serré... et puis vous savez, les jeunes gens ont tant d'occasions... le spectacle, la taverne et le beau sexe... parce qu'avant tout, hommage au beau sexe!

(Il salue Thérèse, près de laquelle il passe*.)

THÉRÈSE, à part.

Il n'a pas l'air très bon sujet.

MAXIMILIEN.

Du reste, pour que vous n'ayez pas trop mauvaise opinion de moi, je vous dirai qui je suis; aussi bien est-il temps, mon cher libérateur, que vous sachiez qui vous avez obligé. Je ne suis encore pour vous que M. Maximilien, ou Max tout court, comme disent mes amis; mais j'ai une famille: mon nom de famille est Burmster; je suis dans la magistrature... c'est-à-dire que mon père, M. Burmster, est bourgmestre du quartier de l'Aigle-Noir.

THÉRÈSE.

Et vous?

MAXIMILIEN.

Moi, je suis son fils; si jamais vous aviez besoin de ma protection, ou de celle de mon père...

THÉRÈSE.

Vous êtes le fils de M. le bourgmestre? et vous n'avez pas trouvé moyen de faire arrêter les vauriens qui vous battaient!

MAXIMILIEN.

Je le pouvais... mais plus on est puissant, plus on est généreux; je vous l'avouerai même, je ne leur en veux pas... ce n'était pas méchanceté... seulement les farceurs avaient bien dîné.

THÉRÈSE.

Ils auraient dû dîner un peu moins et ne pas casser un bras à mon pauvre Hugues, ces farceurs.

MAXIMILIEN.

Oh! c'est très mal... et ils en étaient désolés. (A part.) Le lendemain, quand ils ont été dégrisés.

HUGUES.

Vous les connaissez donc?

MAXIMILIEN, embarrassé*.

Je les ai revus depuis... par hasard. (A part.) Des amis intimes. (Haut.) Ils m'ont parlé de vous avec un intérêt...

* Hugues, Maximilien, Thérèse.

HUGUES.

Vrai ?..

MAXIMILIEN.

Ils seront enchantés de faire plus ample connaissance...

HUGUES.

Est-ce qu'ils voudraient me casser une jambe ?

MAXIMILIEN.

Fi donc !.. je veux vous faire déjeuner ensemble aujourd'hui même.

THÉRÈSE, qui est remontée un peu, descend entre les deux*.

Merci... merci... je ne veux pas qu'on m'estropie mon futur.

MAXIMILIEN.

Tranquillisez-vous... c'est chez moi... voici ma carte : « Max. Burmster, rue St-Ægidius, maison de la ville. » Le lieu du rendez-vous est respectable ; dans une heure donc, mon cher libérateur... vous viendrez, n'est-ce pas ?.. vous et Mlle Thérèse...

THÉRÈSE.

Oh ! moi, je ne suis pas libre**.

MAXIMILIEN.

Tant pis pour nous qui serons privés ; mais vous au moins, mon brave Hugues, vous ne refuserez pas. Je n'ai rien fait encore pour vous prouver ma reconnaissance ; je veux que nous vidions ensemble une bouteille de vin du Rhin... Oh ! ne dites pas non, je serais obligé de vous en vouloir, et ça me ferait de la peine, parce que je déteste l'ingratitude ; j'ai des défauts, beaucoup de défauts peut-être, mais je ne suis pas ingrat... Adieu, adieu, dans une heure. (Il sort. Hugues le reconduit.)

SCÈNE III.

HUGUES, THÉRÈSE.

THÉRÈSE.

J'espère que tu n'iras pas à ce déjeuner ?

HUGUES.

Je ne voudrais pourtant pas désobliger ce jeune homme.

THÉRÈSE.

Tu trouves plus commode de me faire de la peine à moi.

HUGUES.

Ah ! si tu te fâches...

THÉRÈSE.

Je me fâcherai si tu ne veux pas comprendre que ta place n'est pas avec des évaporés du genre de ton M. Maximilien.

HUGUES.

Crois-tu pas que je veux en faire ma société ?.. oh ! sois paisible, je laisse ces manières-là aux jeunes gens de bonne famille ; ils n'ont rien à faire, ils sont forcés d'être mauvais sujets pour se créer une occupation.

THÉRÈSE.

C'est agréable pour leurs parens.

HUGUES.

Tant pis pour les parens, pourquoi sont-ils riches ?

THÉRÈSE.

Ainsi tu n'iras pas ?

HUGUES.

Non... je trouverai un prétexte.

THÉRÈSE, cherchant.

Oui, tu diras...

HUGUES.

J' dirai... que j'ai eu une crampe... ou ben que sœur Marthe m'a défendu de sortir... hein ? ça vaut mieux !

* Hugues, Thérèse, Maximilien.

** Thérèse, Hugues, Maximilien

THÉRÈSE.

Ah ! oui, c'te bonne sœur Marthe que je ne connais pas, que j' n'ai pas encore vue... et que j'aime tant, parce qu'elle aime mon petit Hugues... il faut lui obéir à sœur Marthe. Adieu, je m'en vais pour ne pas être grondée. (Elle l'embrasse.) T' es bien gentil, tu fais tout ce que veut ta petite Thérèse; tu seras le modèle des maris; adieu.

(Elle sort après l'avoir embrassé de nouveau.)

SCÈNE IV.

HUGUES, seul.

Et je pourrai me vanter d'avoir pas trop mal choisi ma moitié. C'te bonne Thérèse... en v'là une qui rendra son époux fortuné. Allons, allons, j' crois que l' mauvais temps est passé pour moi; j' suis pas faignant dans mon état... et avec de l'ordre, de l'économie et beaucoup de copeaux, c'est ben l' diable si on n' faisait pas bouillir la marmite. Pendant que je suis seul, faut que j'essaie si mon poignet commence à répondre à l'appel; c'te chaise... (Il la soulève difficilement.) J' vous enlève ça comme une vraie plume, et je la repose de même, sans effort ni douleur... ça m' fait du mal c'pendant... Oh ! avant une huitaine, j' serai des bons et j' gaguerai mes dix florins par semaine comme un joli garçon; c' qui n' m'empêchera pas d'poursuivre mon idée, et d' tâcher de découvrir c' que c'te bonne sœur Marthe cherche depuis si long-temps. Oh ! brave femme !.. y a pas deux mois que j' la connais, et ben j' l'aime... comme il m' semble que j'aurais aimé ma mère. Il y a d' la folie peut-être à croire que moi, pauvre ouvrier, qui n' connais personne sous le soleil, j' lui ferai retrouver c'te fortune qu'elle a perdue... eh ben ! c'est une idée que j'ai là... (Frappant son front.) Comme si on m' l'y avait plantée avec un clou. On monte l'escalier. (Il va voir à la porte.) C'est elle... rentrons mon bras dans son domicile, et pas d'évolutions... sœur Marthe n' veut pas que j' bouge; j' vas faire semblant d' dormir, elle sera contente, et elle m'embrassera.

(Il remet son bras dans le mouchoir qui le soutient et s'assied sur la chaise à gauche, où il paraît s'être endormi.)

SCÈNE V.

S. MARTHE, HUGUES.

S. MARTHE. Elle s'arrête au fond.

Il dort... pauvre enfant... la fatigue... et l'ennui sans doute; mais grace au ciel, il est guéri maintenant. Heureux accident !.. c'est à lui que j'ai dû... (Elle s'approche et écarte le col de chemise de Hugues.) Voilà ce signe bienheureux qui après vingt ans... oh ! merci, mon Dieu, merci ! profitons de son sommeil.

(Elle le baise au front. Hugues fait un mouvement comme s'il s'éveillait; S. Marthe s'éloigne vivement du côté opposé, où elle dépose un petit panier sur la table.)

HUGUES, à part.

J'étais sûr que de dormir, ça me vaudrait un petit bonjour. (Haut, et comme un homme qui s'éveille.) Ah ! c'est vous, ma sœur... y a-t-il long-temps que vous êtes là ?

S. MARTHE.

J'arrive. Voici votre déjeuner. (Elle l'a tiré du panier.) Comment vous trouvez-vous ?

HUGUES. Il se lève.

Bien, ma sœur, oh ! très bien... grace à vos bons soins, mon bras est tout à fait sur ses jambes.

S. MARTHE.

Le docteur est déjà venu ?

HUGUES.

Et il permet que je sorte.

S. MARTHE.

Eh bien ! vous voilà content... vous n'allez plus avoir besoin de nous.

HUGUES.

De lui... non ; mais vous, ma sœur, est-ce que j'aurai plus le plaisir de vous voir, parce que j'ai le malheur d'être bien portant ? c'est que j' serais capable de me faire fiche un autre atout soigné, et tout de suite.

S. MARTHE.

Allons, allons, enfant... Vous avez donc un peu d'amitié pour votre pauvre garde-malade ?

HUGUES.

C'est-à-dire qu'il me semble que j' pourrai jamais reconnaître c' que vous avez fait pour moi, quand même je vivrais deux cents ans, ce qui n'est pas probable.

S. MARTHE.

Aimez-moi, c'est tout ce que je vous demande.

HUGUES.

Oh ça! c'est fait et pour long-temps... mais ça ne suffit pas. Tenez, je voudrais seulement que vous soyez un homme, pour que vous puissiez avoir une bonne dispute... je me battrais et je me ferais tuer pour vous.

S. MARTHE.

Tuer! mais vous me feriez beaucoup de chagrin.

HUGUES.

Vrai? oh ben! soyez tranquille, allez, on m' tuera pas facilement. C'est égal, j' voudrais qu'on dise du mal des sœurs devant moi... ils auraient de l'agrément ceux-là; je leur z'y enlèverais de fameux copeaux de dessus les os des jambes.

S. MARTHE.

Voyons, voyons, ne faites pas le méchant comme cela; venez ici près de moi et parlons raison. (Elle s'assied à droite ; Hugues est debout près d'elle.) Vous voilà rétabli; quels sont vos projets? qu'avez-vous intention de faire?

HUGUES.

Voilà, ma sœur: j'ai l'intention de reprendre mon état de menuisier et de me jeter à corps perdu dans les fenêtres, les chaufferettes et les souricières, conjointement avec Thérèse qui sera ma femme.

S. MARTHE.

Thérèse! votre femme!

HUGUES.

Ah! c'est vrai! j' vous ai pas encore parlé d' ça, ma sœur; Thérèse... vous n' l'avez pas vue encore, parce qu'elle est en service, et elle n'est pas libre tous les quarts d'heure. Mais c'est la fille de défunt papa Anselme, mon père d'adoption ; j'ai promis qu'elle serait Mme Hugues, et c'tte promesse-là, voyez-vous, c'est sacré.

S. MARTHE.

A la bonne heure, mais êtes-vous sûr que le moment soit venu? un ménage c'est quelque chose, et si vous avez des enfans...

HUGUES.

Eh ben! nous les élèverons, nous travaillerons pour les nourrir. Ah! je vois c' que c'est... vous avez peur de l'exemple que m'ont donné mon père et ma mère, que j' n'ai jamais connus; oh! soyez tranquille, je n' sais pas comment j' me suis trouvé orphelin, si c'est la faute de ma mère, mais je peux répondre d'une chose, c'est que, si le bon Dieu me donne des enfans, et je l'espère ben, il n'y aura pas de misère qui tienne, mais j' serais homme à travailler vingt-quatre heures par jour plutôt que de les envoyer où on m'a mis.

S. MARTHE, à part et douloureusement.

Oh! mon Dieu!

HUGUES.

Et Thérèse pense comme moi, je le sais; ainsi vous voyez que c'est la femme qu''il me faut.

S. MARTHE.

Oui, mon ami, mais auparavant, j'aurais voulu vous établir. (Elle se lève.)

HUGUES.

M'établir? ah! ma sœur, pas d' bêtise; il me semble que vous avez ben assez fait comme ça; vous voudriez peut-être m'offrir de m'acheter une boutique?

S. MARTHE.

Je voudrais, mon cher enfant, tout ce qui pourrait assurer votre bonheur. Ah! si j'étais autre chose qu'une pauvre femme sans fortune... si le ceil permettait...

HUGUES.

Que vous retrouviez le bien que vous avez perdu? certainement que ça ne peut pas vous manquer... vous êtes ben trop bonne, et le bon Dieu est trop juste pour qu'un jour ou l'autre c'te fortune-là vous soit pas rendue.

S. MARTHE.

Eh bien! écoutez, Hugues, puisque vous n'avez pas désespéré, puisque vous avez ainsi confiance au bon Dieu, je vous dirai que, depuis quelques jours, j'ai obtenu sur cette mystérieuse affaire un renseignement précieux.

HUGUES.

Vrai, vous savez le nom de votre voleur?

S. MARTHE.

Mon ami, pourquoi supposer le mal? rappelez-vous ce que je vous ai raconté, rien ne prouve que je soie victime d'un vol.

HUGUES.

Laissez donc, vous croyez toujours le bien, vous... moi, j'ai mon idée, c'te fortune dont vous êtes privée depuis vingt-cinq ans, j'gage qu'elle a été volée; enfin quéque vous avez appris?

S. MARTHE.

Oh! bien peu de chose! et ce n'est peut-être encore qu'un faux indice. (Lui montrant un papier.) Je vous ai lu cette lettre, la dernière que mon père ait écrite... Il y est question d'un ami qu'il ne nomme pas et que nous n'avons jamais pu découvrir; eh bien! cet ami à qui mon père avait confié sa fortune, on m'assure qu'il doit être connu d'une personne que l'on m'a désignée...

HUGUES.

Et c'te personne, vous l'avez vue?

S. MARTHE.

Je sais son nom d'aujourd'hui seulement... M. Valbenbrack.

HUGUES.

Valbenbrack? j' connais ça... un vieux gueux.

S. MARTHE.

Qui vous a dit?..

HUGUES.

Personne; mais v'là comme j' l'ai jugé tout de suite... un vieux gueux! Comment! et M. de Hordenstein, votre père, qui était un brave militaire, connaissait ce Valbenbrack?

S. MARTHE.

Je n'oserais l'affirmer, mais j'ai comme un souvenir confus d'avoir autrefois entendu prononcer ce nom.

HUGUES.

Et vous avez commencé les poursuites?

S. MARTHE.

Les poursuites! mais vous n'y pensez pas, mon ami; ce que je peux tout au plus me permettre, c'est une démarche auprès de ce monsieur; seulement il serait plus convenable qu'elle fût faite par un homme versé dans les affaires, revêtu même d'un caractère public... et moi qui ne connais personne dans cette ville, où je n'habite que depuis quelques mois, où je vis dans la retraite, au chevet des malades...

HUGUES, qui tout en l'écoutant a paru réfléchir et chercher.

Attendez! j'ai votre homme.

S. MARTHE.

Vous!

HUGUES.

Oh! je ne suis qu'un pauvre ouvrier, c'est vrai; mais j'ai des amis, des amis qui ont le bras long, et pour qui on peut se le faire casser.

S. MARTHE.

Mais...

HUGUES, très chaudement.

Oh! je vous en prie, ma bonne petite sœur Marthe, si vous m'aimez vraiment comme vous le dites, ne me refusez pas c' plaisir-là à moi qui vous aime comme une mère!

S. MARTHE, attendrie.

Cher enfant!.. mais quel plaisir?..

HUGUES.

Quel plaisir?.. ah! c'est vrai... je n' vous ai pas dit... j' perds la tête, tant j' suis heureux... de trouver une occasion de vous être bon à quelque chose. Oh! si ça pouvait réussir!..

S. MARTHE.

Mais expliquez-moi...

HUGUES.

Tout ce que j' peux vous expliquer, c'est qu'il faut que ce soit moi qu' vous chargiez des démarches pour le succès de c'te affaire-là... confiez-moi seulement cette lettre. (Il la lui prend.) Oh! je sais tout ce qu'il faut savoir... vous m'avez conté l'affaire une seule fois... mais voyez-vous ça m'intéressait tant! oh! tout ça est là... là... rangé, casé, et chevillé... Soyez paisible... j'oublierai rien... et soyez-en sûre, s'il y a moyen de moyenner une réussite... je réussirai, car c'est pour vous, ma sœur, ma bonne sœur, pour vous que je travaillerai!

S. MARTHE, les larmes aux yeux.

Eh bien! oui... j'y consens; oui, je veux me confier à vous!

HUGUES, transporté.

Oh! merci... merci!

(Il se débarrasse de son écharpe, s'approche du lit, ôte sa veste et passe sa redingote.)

S. MARTHE, à part.

Seigneur, vos desseins sont impénétrables! mais si votre heure est venue, dites, ô mon Dieu, n'est-il pas bien que ce soit cet enfant qui serve d'instrument à votre justice?

SCÈNE VI.

S. MARTHE, THÉRÈSE, HUGUES.

THÉRÈSE, entrant.

Mon ami, c'est encore moi... (Apercevant S. Marthe.) Oh! qu'est-ce que je vois là?.. (Elle s'arrête étonnée.)

HUGUES.

Eh ben! c'est sœur Marthe, qui est si bonne pour moi... et que tu désirais tant connaître *. (A S. Marthe.) Ma sœur, c'est Thérèse... elle est gentille, n'est-ce pas?

S. MARTHE.

Qu'elle soit bonne et honnête... c'est la vraie beauté **. (Elle s'approche de Thérèse et lui dit affectueusement.) Mon enfant, bientôt peut-être vous serez la femme de Hugues; S. Marthe désire seulement obtenir de vous un peu de cette amitié qu'elle trouve aujourd'hui chez votre futur.

THÉRÈSE, embarrassée.

Certainement, ma sœur... (A part.) Oh! c'est étonnant!..

S. MARTHE.

Voici l'heure du pansement à l'hospice... adieu, mes bons amis, je vous quitte... à demain.

HUGUES.

A demain, ma sœur. Mais moi, dès aujourd'hui, je me mets en campa-

* S. Marthe, Hugues, Thérèse.

** Hugues, S. Marthe, Thérèse.

gne; si j'osais... j' vous demanderais de nous embrasser Thérèse et moi... ça m' donnerait encore plus de courage.

S. MARTHE, avec effusion.

Adieu, mes enfans, adieu. (Elle les embrasse; Hugues la reconduit.)

SCÈNE VII.

HUGUES, THÉRÈSE.

HUGUES, revenant à Thérèse.

Eh ben! qu'est-ce qui te ramène?

THÉRÈSE.

Je venais... monsieur part pour la campagne... je venais te dire que je déjeune avec toi.

HUGUES.

Ah! tant mieux!.. mais pourquoi que t' as l'air tout chose?

THÉRÈSE.

C'est vrai que j' suis un peu interloquée... c'est sœur Marthe...

HUGUES.

Eh bien! quoi?

THÉRÈSE.

Sais-tu à qui elle ressemble?

HUGUES.

A une bonne personne.

THÉRÈSE.

Et puis à autre chose encore... à un portrait qui est chez M. Valbenbrack, dans le salon... un militaire, qui a une belle figure avec des épaulettes en épinards.

HUGUES, vivement.

Un militaire... qui ressemble à sœur Marthe?

THÉRÈSE.

J'ai pas voulu lui dire, de peur de l'offenser, qu'elle ressemblait à une peinture; mais quand elle m'a embrassée, j'ai cru embrasser le portrait, moins les épaulettes. (Elle passe à la table et met le couvert *.)

HUGUES.

Un portrait chez Valbenbrack!.. et M. de Hordenstein qui était militaire!... bon! bon! ça s' débrouille.

THÉRÈSE.

Hein? qu'est-ce que tu dis?

HUGUES.

Rien... une histoire... je te conterai ça. (A lui-même.) Oui, oui, j'ai là tout mon plan arrêté: J' passe chez l'écrivain public; j' lui fait mettre l'histoire au net et dans l' soigné... d' là j' vas droit au premier magistrat; M. Maximilien est son fils, il m'a dit que si j'avais besoin de lui, j' pouvais compter... j' vas savoir tout à l'heure c' que vaut sa parole. Thérèse, nous partons.

THÉRÈSE, qui pendant ce temps s'est occupée à disposer sur la table le déjeuner apporté par sœur Marthe.

Comment! nous partons!.. et le déjeuner?

HUGUES.

Nous attend chez mon ami Maximilien.

THÉRÈSE.

Chez ce mauvais sujet?

HUGUES, lui montrant la carte remise par Maximilien.

Chez Maximilien Burmster, fils de M. Burmster, bourgmestre du quartier de l'Aigle-Noir. Viens, je te conterai le reste en route... maintenant à la Maison-de-Ville!

(Il la prend sous le bras, l'entraîne, et tous deux sortent en courant.)

* Thérèse, Hugues.

FIN DU PREMIER TABLEAU.

DEUXIÈME TABLEAU.

La chambre de Maximilien. — Porte au fond; porte à gauche; au milieu, la table. — A droite, le canapé; au fond, à gauche, un guéridon.

SCÈNE VIII.

THÉRÈSE, HUGUES, MAXIMILIEN, FRÉDÉRIC, MAURICE, WOLFF, DEUX DAMES.

(On est à la fin du déjeuner; la table est chargée de bouteilles et d'assiettes vides, de serviettes dépliées, etc., etc.; les personnages sont groupés çà et là sur des fauteuils, étendus sur le canapé ou debout; l'un fume, l'autre boit, celui-ci chante, celui-là déclame).

MAXIMILIEN, chantant à pleine voix.

L'amour, le jeu, le bon vin,
Voilà mon joyeux refrain,

(Parlé.) En chœur!

TOUS.

Et ma philosophie. (BIS.)

MAURICE, étendu sur le dos d'un fauteuil renversé par terre, les pieds en l'air; il a sur la tête sa serviette dont il s'est fait un bonnet.

Ceci vous représente, messieurs, une admirable scène du chef-d'œuvre de notre immortel Schiller; le vieux Moor, étendu dans son grand fauteuil, rend au ciel sa pauvre vieille ame. (D'une voix cassée et ridiculement plaintive.) « La mort... un voile noir... flotte... devant mes yeux. Mon Dieu! que ton » nom soit... »

FRÉDÉRIC, qui s'est approché de lui par derrière, lui jetant sur la tête un coussin de canapé.

Béni!

TOUS, riant bruyamment.

Ah! ah! ah!

WOLFF, gravement.

AMEN.

HUGUES, à Thérèse qui est près de lui assise sur le canapé.

Ils sont drôles, n'est-ce pas?

THÉRÈSE, avec indifférence.

Oui... mais je m'amuse mieux avec toi seul.

HUGUES.

Une fois de temps en temps, ça fait bien de voir le grand monde.

THÉRÈSE.

C'est égal, il n'y en a qu'un qui me plaise un peu dans tout cela.

HUGUES.

Lequel?

THÉRÈSE.

Ce vieux monsieur qu'ils appellent l'inspecteur.

HUGUES.

Oui, il a l'air bien respectable; dam un ancien inspecteur des monnaies retiré, ça a du poids!.. Cependant il y était aussi le jour de mon bras, et il tapait ferme.

WOLFF, montrant sa pipe éteinte.

Max, du feu.

FRÉDÉRIC, lui fourrant sous le nez un papier allumé *.

Voilà.

WOLFF, sans se déranger.

Frédéric, vous êtes ivre.

FRÉDÉRIC.

C'est forcé, quand c'est Max qui paie.

* Thérèse, Hugues, Maximilien, les dames, Maurice, Frédéric, Wolff.

MAURICE.

Oh! qui paie... tu veux dire qui régale.

MAXIMILIEN.

Il est vrai que s'il fallait payer comptant, votre serviteur de tout mon cœur... la rouge m'a mis sur le sable.

WOLFF, toujours fumant.

Inconvénient des jeux de hasard!

HUGUES, naïvement.

Oh! M. l'inspecteur a bien raison.

MAURICE.

Oui, l'inspecteur aime mieux les cartes.

FRÉDÉRIC.

C'est vrai, ça file mieux... à preuve.

(Il frappe sur sa poche et sur celle de Wolff.)

MAXIMILIEN *.

Inspecteur, est-ce que vous avez de l'argent à me prêter?

WOLFF.

Non, mon jeune ami; mais je peux vous en faire gagner.

MAXIMILIEN.

Par les cartes?

WOLFF.

Non pas... vous êtes trop gauche de vos dix doigts.

MAXIMILIEN.

Comment donc alors?

WOLFF.

Je vous conterai cela, car vous en aurez besoin très prochainement.

MAXIMILIEN.

Que voulez-vous dire?

WOLFF.

Les effets que vous avez souscrits au juif Daniel...

MAXIMILIEN.

Je les renouvellerai.

WOLFF.

Impossible.

MAXIMILIEN.

Les aurait-il passés?

WOLFF.

J'en ai peur.

MAXIMILIEN.

Si cela est, je suis perdu.

WOLFF.

Il est vrai qu'il n'est pas plus permis d'abuser de la signature de son père...

MAXIMILIEN, lui fermant la bouche.

Silence!

WOLFF, tranquillement.

Enfant, que craignez-vous? les loups ne se mangent pas.

MAURICE, qui s'est approché, montrant Hugues et Thérèse **.

Oui, mais ces innocentes brebis...

HUGUES, à Thérèse.

Dis donc, je crois que nous les gênons... ils parlent bas.

THÉRÈSE.

Et ils nous regardent.

HUGUES, se levant.

M. Maximilien, est-ce que monsieur votre père ne viendra pas bientôt?

MAXIMILIEN, se retournant vivement.

Mon père!

* Thérèse, Hugues, les Dames, Frédéric, Maurice, Maximilien, Wolff.

** Thérèse, Hugues, les Dames, Frédéric, Max, Wolff, Maurice.

HUGUES.

Vous savez, pour l'affaire en question.

MAXIMILIEN.

Oui, oui, il viendra.

MAURICE, bas à Maximilien.

Couleur, n'est-ce pas?

MAXIMILIEN, de même.

Il est absent pour la journée.

WOLFF.

Tant mieux... je n'aime les magistrats que quand ils sont malades, parce qu'on les couche. (On frappe à la porte du fond.)

MAXIMILIEN, à voix basse.

Chut! c'est lui! je reconnais sa manière de frapper... Eh vite, eh vite, enlevez tout... la table dans la chambre à côté... vous aiderez le garçon à desservir, et puis par le petit escalier...

MAURICE, prenant la table avec Frédéric et l'emportant dans la chambre à gauche.

Connu... connu... on va filer.

BURMSTER, en dehors.

Maximilien, ouvrez... c'est moi.

WOLFF, à demi-voix.

C'est bon, c'est bon, on y va. Messieurs, pas de cohue, la main aux dames*.

(Il prend la main de Thérèse.)

THÉRÈSE, se tournant vers Hugues.

Mais...

HUGUES, la suivant.

Oui, j'y vais.

MAXIMILIEN, l'arrêtant.

Et votre mémoire? Restez, voici mon père.

(Frédéric et Maurice ont fait sortir les deux Dames et fermé la porte de côté. Maximilien ouvre celle du fond.)

SCÈNE IX.

HUGUES, MAXIMILIEN, BURMSTER.

BURMSTER.

Vous m'avez fait attendre, Maximilien; vous n'étiez pas seul.

MAXIMILIEN.

Non, mon père... j'étais avec monsieur dans la pièce à côté.

BURMSTER.

Qu'est-ce que monsieur?

HUGUES.

Mon, magistrat, je suis Hugues, compagnon menuisier... (Bas à Maximilien.) J' vas dire que nous sommes amis?

MAXIMILIEN, de même.

Non... non... Il faudrait parler de la querelle.

BURMSTER, à Hugues.

Après?

HUGUES, regardant Maximilien.

Ah!.. après?..

MAXIMILIEN, d'un air dégagé.

Allons, mon garçon, pas de fausse honte... présentez le mémoire que nous étions en train d'examiner, quand mon père est arrivé.

(Il le fait passer **.)

HUGUES.

Ah! le mémoire... (A part.) Tiens! c'est pas maladroit ce qu'il a trouvé là C'est égal, v'là la peur qui me galope.

* Hugues, Maximilien, Thérèse, Wolff, une Dame, Frédéric, une Dame, Maurice.

** Maximilien, Hugues, Burmster.

BURMSTER.

Eh bien! j'écoute.

HUGUES.

Voilà, magistrat, voilà... (A part.) C'est pour sœur Marthe... la reconnaissance va me délier la langue. (Haut.) V'là ce que c'est, magistrat : J' suis ouvrier menuisier.., une fois dit, pas la peine de le répéter, bon... v'là qu'à la suite de mots, j'ai eu le bras cassé et des bosses à la tête, bon... v'là qu'on me conduit à l'hospice, oùsqu'il y avait une sœur... sœur Marthe... une vraie sœur du bon Dieu quoi!.. v'là qu'elle m' prend en affection ni plus ni moins que si j'étais son enfant... sauf qu'elle n'en a pas, vù qu'elle est sœur, bon... v'là qu'elle m' met dans mes meubles, deux chaises et un lit de sangle... et v'là qu' tout en jabotant elle m' raconte ses malheurs, à savoir qu'elle a été dépouillée de sa fortune par une personne inconnue qu'elle n' sait pas qui... bon!.. v'là qu'ça m' donne des idées... je fais écrire tout ça en fine coulée et du style à huit sous sur c'tte feuille de papier avec laquelle j'ai l'honneur d'être... voilà!

BURMSTER, prenant le papier.

Tout cela n'est pas très clair.

MAXIMILIEN, riant.

Non, cela n'est pas très clair.

HUGUES.

C'est vrai, mon magistrat... je manie mieux le rabot que la parole.

MAXIMILIEN.

Mon père lira le mémoire.

HUGUES.

Oh! il est supérieurement conditionné; je me suis adressé à quelqu'un de la partie... il vous a distillé ça... dam! chacun son état... si je l'avais chargé de me raboter seulement une planche de sapin, mon homme de plume aurait fait de la bouillie pour les chats.

BURMSTER.

C'est bien... j'examinerai cette affaire.

HUGUES.

Quand faudra venir chercher la réponse?

BURMSTER.

Ne vous dérangez pas mon garçon; quand j'aurai besoin de vous, je saurai vous trouver; tenez, sortez par ici, vous serez plus vite dehors.

(Il va ouvrir la porte de côté.)

MAXIMILIEN, à part.

Malédiction! il va tout découvrir!.. (Burmster ouvre la porte et fait passer Hugues. Maximilien jette un coup-d'œil dans la chambre.) Dieu soit loué! ils sont partis!

SCÈNE X.

MAXIMILIEN, BURMSTER.

BURMSTER, descendant en scène.

Ce garçon m'intéresse.

MAXIMILIEN, d'un air dégagé.

N'est-ce pas papa, qu'il est gentil?

BURMSTER, sévèrement.

Écoutez-moi, monsieur; nous avons à causer sérieusement.

(Il s'assied à gauche.)

MAXIMILIEN, à part.

« Monsieur... » c'est un sermon... pourvu qu'il n'ait rien appris des billets Daniel.

BURMSTER.

La remise d'une affaire, qui devait me tenir dehors toute la journée, me donne en ce moment un loisir sur lequel je n'avais pas compté : nous l'emploierons à parler de vous... de votre avenir.

MAXIMILIEN, à part.

Ça sera long. (Haut.) Mon père, vous êtes bien bon.

BURMSTER.

Je l'ai toujours été trop pour vous. (Mouvement de Maximilien.) Ne m'interrompez pas; j'ai été trop bon pour vous, parce que j'étais trop faible pour votre mère... pour votre mère qui ne vivait que pour vous aimer... mais qui vous aimait de cet amour aveugle et coupable, qui produit d'abord les enfans gâtés, ensuite les jeunes gens sans conduite, et plus tard les hommes sans probité.

MAXIMILIEN.

Quoi!.. mon père!..

BURMSTER, doucement.

Oh! je vous en prie, pas de protestations... vous m'en avez tant fait qui n'ont amené aucun bon résultat! j'aime mieux, voyez-vous, une bonne et ferme résolution dont vous ne me disiez rien, mais dont je puisse voir les heureux effets.

MAXIMILIEN, à part.

Il n'est pas si mal disposé que je croyais... si j'osais je lui dirais tout.

BURMSTER.

Eh bien!.. vous réfléchissez, Maximilien?.. avez-vous bien compris ce que je vous demande?

MAXIMILIEN, avec élan.

Oui, mon père... oh! oui, et pour vous le prouver, tenez... je veux vous parler avec une franchise que je n'ai jamais mise avec vous... je vous laisserai lire dans mon ame... je vous dirai tout!

BURMSTER, vivement, et se levant.

Bien, Maximilien, bien! mais je veux que vous puissiez dire que l'exemple de la franchise, comme l'exemple de tout ce qui est bon et honorable, vous a été donné par l'homme que vous appelez du nom de père; aussi bien êtes-vous maintenant en âge de me comprendre, et tôt ou tard vous sauriez ce que je vais vous dire aujourd'hui.

MAXIMILIEN.

Je vous écoute.

BURMSTER.

Je vous le dis à vous, Maximilien, comme je le dirais à Dieu, si dans ce moment j'avais à répondre, devant lui, de ma vie passée; je n'ai jamais eu à rougir, dans toute ma vie, que d'une seule action, mais cette action fut un crime.

MAXIMILIEN.

Un crime!

BURMSTER.

Non pas de ceux que les lois poursuivent et flétrissent... oh! non!.. de ceux que la justice humaine laisse passer inaperçus et impunis, mais qui ne peuvent échapper au plus cruel de tous les châtimens, le remords. Il y a vingt ans, j'en avais alors vingt-six, et je n'étais qu'un petit avocat de province, sans fortune et sans cause, mais brûlant du désir d'arriver, plein de confiance dans l'avenir et dans ce qu'on avait la complaisance d'appeler mon talent et ma bonne mine. Le hasard me fit rencontrer à peu près en même temps deux femmes, dont chacune était placée dans une position bien différente: l'une (je vous la nommerai plus tard) jeune et riche, mais déjà veuve à dix-neuf ans, et restée mère d'un enfant au berceau; l'autre... celle-là s'appelait Clémentine, elle était jeune aussi, belle, d'une noble naissance; mais sans fortune, sans famille, car elle était fille d'un proscrit. J'aimai Clémentine, elle aussi m'aima... mais hélas! dans le même temps que la pauvre fille allait devenir mère, un mariage se concluait pour celui qu'elle s'accoutumait déjà à nommer son époux, mariage de convenance et d'intérêt que rendaient inévitable des exigences de famille, auxquelles je n'avais ni le pouvoir, ni même, je dois l'avouer à ma honte, la volonté bien ferme de résister. Faire disparaître toutes les traces d'une liaison antérieure à mon mariage me parut dès lors une nécessité: le même sentiment d'égoïsme qui me faisait amant coupable, me rendit père dénaturé: une femme dont j'avais payé le dévoûment, fit disparaître l'enfant de Clémentine; la mère le crut mort... il n'était qu'orphelin!..

MAXIMILIEN.

Alors?..

BURMSTER.

Alors, je me crus dégagé envers la pauvre fille, alors je me dis que j'étais libre... que je pouvais en épouser une autre... et j'épousai la jeune et riche veuve que j'ai promis de vous nommer, et je reconnus son fils pour le mien... et cette femme que j'épousais, Maximilien, c'était votre mère; et cet enfant étranger que j'adoptais pour repousser le mien... cet enfant étranger, c'était vous!

MAXIMILIEN, au comble de l'étonnement.

Moi!

BURMSTER, d'un ton de reproche doux.

Vous!.. vous sur la tête de qui j'ai reporté tout ce qui s'était éveillé en moi de sentimens paternels, à la naissance du fils que je vous ai sacrifié! vous à qui j'ai donné tout l'amour que je devais à un autre, et qui, en retour, ne m'avez encore donné que des chagrins!

MAXIMILIEN, confus.

Oh! pardon... pardon, mon p... monsieur... (Il va pour tomber à genoux.)

BURMSTER, le relevant.

Non, mon ami, non... je suis encore, je veux toujours être votre père... mais j'ai voulu vous rappeler tout ce que je vous ai donné, tout ce que j'ai fait pour vous au préjudice d'un autre, d'un autre qui, s'il est vivant encore, est malheureux peut-être, tandis que vous, Maximilien... Eh bien! vous ne voudrez pas me payer d'ingratitude, n'est-ce pas?.. vous me tiendrez compte de mon amour pour vous? ce que je vous ai donné, ce que je vous donne encore tous les jours en bons soins et en attachement, vous me le paierez, Maximilien, en docilité, en bonne conduite?.. Voulez-vous me le promettre?

MAXIMILIEN.

Oui, je le promets, monsieur.

BURMSTER, très affectueusement.

Je vous ai déjà dit que vous parliez toujours à votre père: pour que vous risquiez moins de l'oublier, je désire que vous vous sépariez moins de moi; vous me suivrez dans mes travaux de tous les jours; vous tâcherez que mes occupations deviennent les vôtres... à mon tour, où vous prendrez vos plaisirs je m'efforcerai de trouver les miens... et pour commencer, puisque je suis libre aujourd'hui, nous dînerons ensemble dehors... et puis ce soir, nous irons au Grand-Théâtre; allez vous habiller mon ami, vous me reprendrez ici, et nous achèverons en chemin notre conversation; car vous savez, Maximilien, vous m'avez promis une entière franchise... vous tiendrez parole, n'est-ce pas... vous me direz tout?..

MAXIMILIEN, gêné.

Oui, mon père... certainement... je veux tout vous dire... (A part.) Quand je me croyais son fils... j'aurais tout avoué peut-être...

BURMSTER.

Va, mon ami, va... je t'attends ici.*

MAXIMILIEN, à part.

Maintenant... oh! je n'oserai jamais! (Il entre à gauche.)

SCÈNE XI.

BURMSTER, seul.

Je ne m'étais pas trompé... le cœur est bon... ma confidence n'est pas venue trop tard... en l'attendant, jetons un coup-d'œil sur le mémoire de ce jeune ouvrier. (Il lit.) « A M. Burmster, bourgmestre, la demoiselle Clé- » mentine de Hordenstein... » Que vois-je!.. Clémentine vivante... et dans cette ville! (Il continue de lire.) « Fille de feu Charles-Joseph, vicomte de » Hordenstein, colonel de cavalerie... » c'est bien son père!.. ô joie! ô bonheur!..je la reverrais!..mais où se cache-t-elle?..(Lisant.)« A l'hospice Saint-

* Burmster, Maximilien.

» Magloire, sous le nom et les habits de sœur Marthe! elle demande jus-» tice... un dépôt... c'est toute sa fortune... un homme peut donner des » renseignemens... le nommé Valbenbrack... un portrait chez lui... » Oh! ces indices doivent me suffire... Valbenbrack! je connais cet homme!.. aujourd'hui même, à l'instant... je cours chez lui... Mon Dieu! mon Dieu! faites que je réussisse... que je lui rende, à cette pauvre femme que j'ai si indignement trompée, que je lui rende cette fortune dont elle est privée depuis plus de vingt ans! que je répare, autant qu'il est en moi, le mal que je lui ai fait! et puis après, mon Dieu, pour dernière expiation, prenez ma vie... et je mourrai content!

SCÈNE XII.

BURMSTER, MAXIMILIEN.

MAXIMILIEN.

Mon père, je suis prêt.

BURMSTER.

Ah! mon ami, pardon... mais notre promenade à un autre jour. Ce papier que vous m'avez fait remettre... une affaire du plus haut intérêt, qui va me prendre le reste de ma journée... et dont il faut que je m'occupe à l'instant... à demain, Maximilien, à demain... (A lui-même.) Une heure de réflexion sur cette affaire... et puis chez Valbenbrack!

(Il sort rapidement par le fond.)

MAXIMILIEN, seul.

Non, je n'aurais pas osé lui faire connaître ma position tout entière! je n'ai plus droit de compter sur l'indulgence d'un père!.. plus tard, peut-être... mais plus tard sera-t-il temps encore?.. ce Wolff m'a fait peur ce matin... oh! n'importe! je suis heureux que l'arrivée de M. Burmster ait éloigné cet homme... ses conseils sont mauvais... hélas! dans la route où je me suis engagé, est-il possible encore de se sauver par le bien?

SCÈNE XIII.

MAXIMILIEN, WOLFF.

WOLFF. Il rentre par la porte de gauche.

Mon jeune ami, c'est moi.

MAXIMILIEN.

Encore ici! par quel hasard?

WOLFF.

Votre société attend au petit estaminet en bas... comme l'estaminet est un peu mauvais genre, je causais, moi, avec le magasin de modes en face. j'y ai quelques protégées; je me doutais bien que le sermon aurait une fin... et je tenais à vous revoir.

MAXIMILIEN.

Qu'avez-vous à me dire?

WOLFF.

Comme je causais là, j'ai vu Daniel.

MAXIMILIEN.

Vous lui avez parlé?.. Qu'a-t-il dit?

WOLFF, froidement.

Ce que j'avais prévu... ils sont passés.

MAXIMILIEN, atterré.

Malgré ses promesses... le misérable!

WOLFF.

Et l'échéance...

MAXIMILIEN, désespéré.

Dans trois jours! que faire?.. n'est-il aucun moyen?

WOLFF.

Un seul.

MAXIMILIEN.

Lequel?

WOLFF.

Un peu fort peut-être... mais à peu près sûr... et puis c'est le seul.

MAXIMILIEN.

Lequel ?

WOLFF.

C'est votre petit ami, le menuisier... et sa jolie Thérèse, qui me l'ont suggéré tout à l'heure... sans s'en douter il est vrai.

MAXIMILIEN.

Mais, ne puis-je savoir ?..

WOLFF.

Je les entends...

SCÈNE XIV.

WOLFF, MAXIMILIEN, HUGUES, MAURICE. Ils entrent de la gauche.

HUGUES.

Affaire arrangée !.. ces dames montent avec le café... et puis comme le bourgeois de ma Thérèse part aujourd'hui à la campagne, ma Thérèse et moi nous sommes les maîtres, et nous recevons nos amis dans le salon de M. Valbenbrack.

MAXIMILIEN.

Comment ?

HUGUES.

Ah ! dam ! M. Maximilien, vous ne pouvez pas refuser... vous nous avez reçus ce matin... une politesse en vaut une autre... et puisque votre libérateur n'a pas de salon à lui, on lui en prête un; au fait le vieux, c'est son état de prêter... Ah ! ah ! ah ! (Il rit.)

MAXIMILIEN, bas à Wolff.

Mais ce moyen ?

WOLFF, bas à Maximilien.

Je n'ai pas le temps de vous expliquer ici... (Haut.) A ce soir chez Valbenbrack.

HUGUES.

Rien qu'entre z'hommes... Thérèse servira... nous prendrons le thé.

WOLFF, très froidement.

Et quelque chose avec.

MAXIMILIEN.

A ce soir, donc !

MAURICE.

Voici les dames...

HUGUES.

Et le café !..

(Thérèse et les deux dames entrent avec Frédéric, qui porte un plateau. On se groupe autour du guéridon.)

WOLFF, resté un moment à part.

Avec nous, le fils du premier magistrat... l'affaire est sûre !.. (A Maurice qui lui présente une tasse.) Il est bien chaud ?..

FIN DU PREMIER ACTE.

ACTE II.

Le cabinet de Valbenbrack. Trois portes au fond : celle du milieu conduit dehors ; celle de la gauche de l'acteur conduit au salon et chez Thérèse ; celle de la droite dans la chambre à coucher. — Au premier plan, à gauche, un petit cabinet ; du même côté, un secrétaire. — Au premier plan à droite, une fenêtre ; au deuxième, une armoire secrète cachée dans la muraille. Un guéridon à droite. — Huit heures du soir. — Sur le secrétaire une bougie allumée.

SCÈNE I.

VALBENBRACK, assis devant son secrétaire.

Huit heures déjà... la voiture part à neuf heures, hâtons-nous de ranger es papiers. Tous ces dossiers chez mon homme de loi... pas de rémission pour les débiteurs retardataires; de l'argent ou la prison, c'est mon principe. Ils m'appelleront usurier... les ingrats!.. moi qui me prive de tout pour leur être utile, pour leur prêter à un intérêt modeste, cinq pour cent... par mois. Commandement de déguerpir à ces deux locataires arriérés. J'entends d'ici la complainte obligée : « Ah! M. Valbenbrack, de malheureux pères de famille... de pauvres ouvriers! » Eh! mes enfans, c'est justement pour cela que je vous donne congé... pardieu, si vous étiez riches, j'attendrais; mais vous êtes pauvres, à la porte, c'est mon principe. Maintenant la précaution d'habitude quand je me mets en voyage : je prévois toujours le cas où des malfaiteurs s'introduiraient ici; et, comme il faut que tout le monde vive, je leur fais leur part... un demi-florin dans ce tiroir, et puis écrivons : « Cejourd'hui 25 mai 1828, il me reste en caisse » un demi-florin. » Là! c'est généralement au secrétaire que ces messieurs s'adressent... dès qu'on aurait lu ce chiffon de papier on n'irait pas plus loin. (Il ferme le secrétaire et pose la lumière sur le guéridon.) Et d'ailleurs bien malin qui découvrirait mon trésor... ce cher argent que j'ai eu tant de peine à amasser. Ah! c'est à ce bon colonel que j'ai dû le commencement de ma petite fortune; les cent mille florins qu'il m'a confiés ont prospéré... aussi je ne passe jamais devant son portrait sans ôter mon chapeau et sans remercier en moi-même ses héritiers que je n'ai jamais trouvés... Il est vrai que je ne les ai jamais cherchés. (Il s'est approché du placard secret.) Oh! mes chers petits jaunets, mes bons gros doublons, mes excellens effets au porteur, vous êtes là, chers enfans, vous dormez tranquilles, votre ami veille sur vous... adieu, pensez à moi comme je pense à vous... adieu... oh! que je vous voie encore une fois avant de partir.

(Il fait le geste de pousser le ressort et s'arrête au bruit que fait Thérèse.)

SCÈNE II.

VALBENBRACK, THÉRÈSE.

VALBENBRACK, mécontent.

Qu'est-ce?

THÉRÈSE.

C'est moi, monsieur. (A part.) Il ne s'en va pas, et ces messieurs sont là.

VALBENBRACK.

Je le vois bien que c'est toi... mais qu'est-ce que tu veux?

THÉRÈSE.

Monsieur, c'est vos deux locataires...

VALBENBRACK.

Ils m'apportent de l'argent?.. qu'ils entrent.

THÉRÈSE.

Non, monsieur, ils m'ont chargé de vous demander du temps.

VALBENBRACK.

Je n'y suis pas.

THÉRÈSE.

Ah! monsieur, ils sont ben tristes, allez, ben malheureux.

VALBENBRACK.

Il me semble que je suis encore plus malheureux qu'eux, puisqu'ils ne me paient pas.

THÉRÈSE.

Ils pleuraient à chaudes larmes.

VALBENBRACK*.

Ce ne sont pas des larmes que je leur demande, c'est de l'argent. Ça serait agréable d'être propriétaire, si les locataires payaient leur terme avec des larmes!

THÉRÈSE, à part.

Oh! le mauvais cœur!

VALBENBRACK.

Hein?

THÉRÈSE.

J' dis qu'il est bientôt l'heure.

* Thérèse, Valbenbrack.

VALBENBRACK.

L'heure de quoi?

THÉRÈSE.

De partir.

VALBENBRACK.

C'est bon, c'est bon... vous êtes bien pressée d'être seule, pour gaspiller tout chez moi. Tâchez de vous coucher de bonne heure pour ne pas brûler de chandelle, et faites bien attention en dormant si vous n'entendez rien*.

THÉRÈSE.

Comment, en dormant?

VALBENBRACK.

Oui, oui, en dormant. Une bonne domestique veille toujours pour ses maîtres... même quand elle dort, elle a un œil ouvert. Je vais fermer ma valise et je pars. (Il sort par le fond, porte à droite.)

SCÈNE III.

THÉRÈSE, HUGUES, puis MAXIMILIEN.

HUGUES, se montrant à la porte à gauche.

Est-il parti?

THÉRÈSE.

Non, non, pas encore.

HUGUES.

Ces messieurs sont toujours là, dans ta chambre.

THÉRÈSE.

Qu'ils ne s'impatientent pas, il doit être parti à neuf heures au plus tard, j' vas le renvoyer.

MAXIMILIEN, entrant du même côté que Hugues**.

Pas encore, auparavant il faut que je lui parle.

HUGUES.

A M. Valbenbrack?

MAXIMILIEN.

A lui-même, ce soir. (A part.) J'essaierai ce dernier moyen.

THÉRÈSE.

Mais...

MAXIMILIEN.

Oh! pas de mais... il le faut.

HUGUES, qui a été écouter à la porte du fond.

On monte l'escalier. (Il entr'ouvre la porte et regarde.) M. Burmster.

MAXIMILIEN.

Mon père ici! quel motif?..

HUGUES.

J'y suis, mon mémoire sans doute.

MAXIMILIEN.

Oh! qu'il ne me voie pas ici! Je rentre là; dès qu'il sera parti, Mlle Thérèse, avertissez-moi, il faut que je voie Valbenbrack ce soir même.

THÉRÈSE.

Convenu. (Maximilien rentre à gauche***.)

HUGUES.

Et moi, dis donc, où me cacher pour entendre? car il vient pour l'affaire de sœur Marthe, ben sûr, et ça m'intéresse... Oh! vertueux magistrat, il n'a pas perdu de temps. Dis donc, j'ai vu le portrait, là, tout à l'heure... c'est vrai que c'est frappant.

THÉRÈSE, vivement.

Oui, mais on vient... tiens, là, dans ce cabinet.

(Elle indique le cabinet à gauche.)

HUGUES, y entrant****.

Oh! fameux! j' serai aux premières loges, j' vas savoir le secret.

* Valbenbrack, Thérèse.
** Thérèse, Maximilien, Hugues.
*** Hugues, Thérèse.
**** Thérèse, Hugues.

THÉRÈSE, lui jetant la porte sur le nez.

Bavard! (Entre Burmster.)

SCÈNE IV.

VALBENBRACK, BURMSTER, THÉRÈSE, HUGUES, caché.

BURMSTER.

M. Valbenbrack?

THÉRÈSE.

Il est ici; je vais annoncer monsieur.

VALBENBRACK, entrant du fond à droite, sa valise sous le bras.

Me voici prêt, je pars.

BURMSTER, le saluant.

Monsieur...

VALBENBRACK.

M. Burmster...

BURMSTER.

Je vous dérange, peut-être... mais l'affaire est de la plus haute importance.

VALBENBRACK.

Donnez-vous donc la peine de vous asseoir. (A part.) Les billets du fils... j'étais sûr qu'il rembourserait. (Haut.) Thérèse, laissez-nous... (A part.) Et Daniel qui avait peur... on ne perd jamais avec les magistrats.

(Thérèse sort.)

SCÈNE V.

VALBENBRACK, BURMSTER, HUGUES, dans le cabinet et se montrant de temps à autre; Burmster et Valbenbrack sont assis.

BURMSTER.

Je désire, monsieur, ne pas abuser de vos momens... je vais droit au fait... permettez-moi de compter sur toute votre attention.

VALBENBRACK.

Je suis oreilles de la tête aux pieds.

HUGUES.

Moi, je n'ai pas de coton dedans.

BURMSTER.

Il y a environ 25 ans, un gentilhomme, qui se trouvait à Vienne, écrivait à sa femme, laquelle habitait alors à soixante lieues de la capitale; voici la lettre qu'il lui adressait. (Il tire de sa poche une lettre qu'il déplie.)

VALBENBRACK, à part.

Quelle diable d'histoire va-t-il me conter?

BURMSTER, lisant.

« Ma chère femme, je vous écris à la hâte, avant de partir pour la » France, et c'est la seule lettre que vous recevrez de moi, jusqu'à ce que » nous nous revoyions à Paris, où je vous donne rendez-vous. Compromis » dans une affaire politique, je me suis un moment flatté de l'espoir d'é» chapper à la condamnation qui me menaçait, et qui maintenant m'exile » à jamais de mon pays. J'avais prévu l'arrêt, qui ordonne la confiscation » de mes biens, et je me suis hâté de vendre à vil prix (car il y avait » nécessité) tout ce que je possède. J'ai réalisé une somme de cent mille » florins. »

VALBENBRACK.

Hein?..

BURMSTER.

Qu'avez-vous, monsieur?..

VALBENBRACK.

C'est le chiffre... vous dites?..

BURMSTER.

Cent mille florins. « C'est tout ce qu'il faut pour vous assurer une exis» tence honorable à vous, ma chère femme, et à notre petite Clémentine. » Quant à moi, j'espère prendre du service en France. Je dépose cette » somme de cent mille florins dans une maison riche et solide : vous devi-

» nez que ce dépôt, je suis obligé de le faire sous un nom emprunté. Un » ami fidèle... » Vous suivez bien?..

VALBENBRACK.

Très bien, très bien... un ami fidèle...

BURMSTER.

« Auquel j'écris par une voie sûre, se chargera d'en toucher la rente » qu'il vous fera compter à vous; il a également plein pouvoir pour opérer » le déplacement total de la somme et vous la rembourser, dans le cas où » telle serait plus tard votre intention. Vous comprenez que, dans ma po- » sition, je ne pourrais pas, sans imprudence, vous donner par écrit ni » le nom de cet ami, ni celui du banquier : car cette lettre devant vous ar- » river par les voies ordinaires, d'autres yeux que les vôtres la liront peut- » être avant vous. C'est donc seulement, quand je vous verrai, que je » pourrai vous donner de plus amples détails. Aussitôt ma lettre reçue, » quittez la terre que vous habitez, car au moment où je vous écris, vous » n'êtes plus chez vous. Adieu, ma chère femme, je pars dans une heure, » l'ame triste, le corps souffrant, mais impatient de vous embrasser, vous » et ma fille bien-aimée. Nous nous reverrons à Paris; Dieu voudra, je » l'espère, que ce soit pour long-temps!.. Votre fidèle époux... »

(Il s'arrête.)

VALBENBRACK qui, pendant toute cette lecture, est resté immobile et impassible, dit avec une compassion affectée au moment où Burmster s'arrête.

Pauvre homme!.. souffrant! malade!.. Ah! eh bien, monsieur?..

BURMSTER.

Eh bien, monsieur, vous avez suivi la lecture de cette lettre?

VALBENBRACK.

Depuis A jusqu'à Z.

BURMSTER.

Qu'en dites-vous?

VALBENBRACK.

Que c'est la lettre d'un père tendre et d'un époux accompli.

BURMSTER.

Mais cette lecture n'a-t-elle réveillé chez vous aucun souvenir?

VALBENBRACK.

Aucun.

BURMSTER.

Peut-être quand vous saurez de qui elle est signée...

VALBENBRACK.

En effet, peut-être... veuillez me dire le nom...

BURMSTER.

Charles, vicomte de Hordenstein.

VALBENBRACK, paraissant chercher.

Robenstein? connais pas.

BURMSTER.

Je dis Hordenstein, colonel de cavalerie.

VALBENBRACK.

Je ne me rappelle pas avoir connu le moindre colonel, même d'infanterie.

HUGUES, à part.

Oh! le vieux gredin... il n'avouera pas!

BURMSTER, se levant.

Pourtant, on m'a parlé d'un certain portrait...

VALBENBRACK, se levant aussi.

En uniforme de colonel... vous avez parbleu raison... un morceau distingué ma foi... je l'ai acheté dans une vente... et je peux le dire, je l'ai eu pour rien. J'ignore qui il représente... mais je gagerais qu'il est frappant de ressemblance... on voit ça aux épaulettes.

BURMSTER.

Tout porte à croire que c'est le portrait du vicomte de Hordenstein.

VALBENBRACK.

Ah! oui dà! et M. de Robenstein désirerait peut-être rentrer en possession de son portrait?

BURMSTER.

M. de Hordenstein est mort, depuis environ vingt-cinq ans.

VALBENBRACK.

Mort, dites-vous? l'auteur de cette épître si intéressante!

BURMSTER.

Dix jours environ après l'envoi de cette lettre, lorsqu'à peine il avait mis le pied sur la terre de France, une maladie aiguë l'emporta, avant même qu'il eût pu revoir sa femme et sa fille, à qui il ne laissait sur leur fortune d'autre renseignement que la lettre dont je vous ai donné lecture.

VALBENBRACK.

Laquelle n'apprend rien du tout... Et quelles sont les intentions de ces dames?

BURMSTER.

La mère, hélas! n'a pas survécu long-temps à son époux!

VALBENBRACK.

Malheur sur malheur!

BURMSTER, continuant.

La fille seule est vivante, elle est pauvre, et l'on m'avait fait espérer, monsieur, que vous pourriez me donner, sur le sort des cent mille florins, quelques indices.

VALBENBRACK.

Désolé, monsieur, de ne les connaître ni d'Ève ni d'Adam.

BURMSTER, se levant.

Vous voudrez bien me pardonner d'avoir abusé de vos momens.

VALBENBRACK.

Disposez de moi en toute occasion... Si le portrait en question est réellement ce que vous pensez, je me ferai un devoir de le céder, avec un léger bénéfice, à Mlle de Brobestein...(Se reprenant.) Hordenstein... Pardon, les noms que j'entends pour la première fois, j'ai le malheureux défaut de les écorcher.

HUGUES, caché.

Comme ceux qui lui empruntent de l'argent.

BURMSTER, à part.

Cet homme se joue de moi, j'aurai l'œil sur lui.

(Il sort en saluant Valbenbrack, qui le reconduit.)

HUGUES, à part.

Est-ce que je me serais trompé?

SCÈNE VI.

VALBENBRACK, HUGUES, caché.

VALBENBRACK, redescendant la scène rapidement.

Ah! grand Dieu! qui jamais se serait attendu?.. après vingt-cinq ans!.. c'est une surprise du plus mauvais goût... car enfin six mois, un an après, je ne dis pas; mais vingt-cinq ans. (Il se promène avec agitation.)

HUGUES, à part, en le regardant.

Qu'est-ce qu'il a donc à soliloquer et à faire les grands bras? Il n'a plus l'air aussi tranquille.

VALBENBRACK.

Voyez-vous, si on était homme à se démonter, à perdre la tête... heureusement... Voyons, du sang-froid; ce Burmster ne va pas en rester là peut-être, et si quelqu'autre indice... récapitulons... Le portrait ne m'inquiète pas; mais n'ai-je pas conservé autre chose de ce cher colonel? ses lettres, la dernière surtout, celle qui m'annonçait... l'ai-je brûlée? non, j'ai peur de l'avoir. (Il fait un pas vers le secrétaire et s'arrête.) Pas ici, mais là, (Indiquant le placard.) avec tout ce que j'ai de précieux. Eh vite! eh vite! elle a beau être bien cachée, au feu, au feu, c'est plus sûr.

(Il prend la bougie, va à la porte du fond, met le verrou, vient au placard qui s'ouvre au moment où il pousse le ressort, y prend un grand portefeuille rempli de papiers, qu'il commence à examiner. Hugues ne perd pas un seul de ses mouvemens.)

HUGUES, à part.

Oh! quéque ça peut être que ces papiers si bien cachés? des preuves, je parie, et il va les brûler peut-être. (Valbenbrack, qui tient un papier, étend la main vers la bougie.) Juste!.. oh! je l'étranglerai plutôt sur la place!

(Il fait un mouvement pour sortir du cabinet; on frappe à la porte du fond; Valbenbrack serre vivement le papier dans le portefeuille et renferme tout dans le placard; Hugues rentre dans le cabinet.)

VALBENBRACK, à part.

M. Burmster qui revient peut-être... Au diable l'importun! (Il va ouvrir.)

SCÈNE VII.

VALBENBRACK, MAXIMILIEN, HUGUES, toujours caché.

VALBENBRACK, respirant à la vue de Maximilien.

M. Maximilien! ah!

MAXIMILIEN.

M. Valbenbrack, vous pouvez me rendre le plus signalé des services.

VALBENBRACK, à part.

Je le vois venir; l'affaire Daniel. (Haut.) De quoi s'agit-il? pour rendre service je suis toujours là.

MAXIMILIEN.

Vous voyez un homme au désespoir!.. Je suis perdu si demain je n'ai pas trois mille florins.

VALBENBRACK.

Trois mille florins, ça peut se trouver.

MAXIMILIEN.

Ah! je vous devrai la vie.

VALBENBRACK.

Non, vous ne me devrez pas la vie, vous me devrez six mille florins, en supposant que je vous en prête trois.

MAXIMILIEN.

Tout ce que vous voudrez.

VALBENBRACK.

Bien! Quelles sont les garanties que vous m'offrez?

MAXIMILIEN.

Ma signature.

VALBENBRACK.

Hein?..je dis quelles garanties?..

MAXIMILIEN, appuyant.

Ma signature.

VALBENBRACK.

La signature d'un jeune homme...

MAXIMILIEN.

D'un jeune homme d'honneur.

VALBENBRACK.

Mon cher monsieur, règle générale: tous les jeunes gens qui empruntent sont des jeunes gens d'honneur au moment où ils empruntent.

MAXIMILIEN.

Q'est-ce à dire, monsieur? les billets que je vous ferais seraient payés.

VALBENBRACK.

Comme vous paierez sans doute ceux que vous avez souscrits pour après-demain au juif Daniel.

MAXIMILIEN.

Quoi! vous savez?

VALBENBRACK.

Je suis en compte avec Daniel.

MAXIMILIEN.

Et mes billets...

VALBENBRACK.

Sont passés dans mon portefeuille.

MAXIMILIEN.

Ainsi, c'est de vous seul que dépend...

VALBENBRACK.

Non pas vraiment, c'est de vous qu'il dépend de m'offrir des garanties suffisantes.

MAXIMILIEN.

N'aurez-vous pas au besoin ma liberté?

VALBENBRACK.

Ah fi! vous me connaissez mal! user de pareils moyens! mais enfin j'ai votre signature, ne pourriez-vous m'en offrir une autre également bonne, celle de votre père, par exemple?

MAXIMILIEN, vivement.

Mon père refuserait.

VALBENBRACK.

Est-ce donc un obstacle?

MAXIMILIEN.

Monsieur...

VALBENBRACK.

Je croyais que, sur les effets de Daniel, la signature de M. Burmster...

MAXIMILIEN *.

Eh! monsieur, c'est précisément cette première faute que je voudrais réparer et non pas aggraver. M. Valbenbrack, je vous en supplie, c'est la vie, c'est l'honneur que je vous demande.

VALBENBRACK.

Quant à l'honneur et à la vie, jeune homme, je n'ai pas l'intention de vous en priver; mais pour de l'argent, je vous ai dit à quelle condition...

MAXIMILIEN, suppliant.

Oh! vous ne serez pas sans pitié...

VALBENBRACK.

Pardon, mais l'heure me presse**...

MAXIMILIEN, de même.

Non, M. Valbenbrack, non, je ne sortirai pas d'ici que je n'aie obtenu...

VALBENBRACK.

C'est donc moi qui vais vous céder la place. (Fausse sortie. A part.) J'aurais pourtant bien voulu en finir et brûler cette lettre... si je restais... non, cela pourrait éveiller les soupçons du magistrat... ne changeons rien à mes dispositions... partons toujours... quitte à trouver un prétexte pour revenir.

MAXIMILIEN, qui l'observe.

Eh bien! monsieur, vous avez réfléchi?..

VALBENBRACK.

Oui, monsieur, j'ai réfléchi... que la diligence est comme la marée... elle n'attend pas. J'ai bien l'honneur de vous saluer... (A part.) Et ma lumière qui brûle... allons dire à Thérèse de congédier cet emprunteur tenace.

(Il sort par le fond.)

SCÈNE VIII.

MAXIMILIEN, HUGUES, caché.

MAXIMILIEN, tombant abattu sur un siége à droite.

Plus d'espoir! homme impitoyable... mais que faire, donc?.. effacer un premier crime par un crime nouveau!.. oh! ma tête se perd!..

SCÈNE IX.

MAXIMILIEN, MAURICE, FRÉDÉRIC, WOLFF, puis HUGUES, sortant de sa cachette; les trois autres entrent de la gauche.

MAURICE, gaiment à Maximilien.

Parti? (Aux autres.) Parti!

FRÉDÉRIC.

Procédons à l'inspection des lieux...

WOLFF.

Inspecter... ça me regarde.

HUGUES, entrant vivement.***

J'ai tout vu... tout entendu... je connais son secret!

TOUS.

Un secret!

MAXIMILIEN.

Vous étiez là!

HUGUES.

Oui, M. Maximilien... et je l'ai entendu le vieux gredin, qui était sourd

* Maximilien, Valbenbrack, Hugues.
** Valbenbrack, Maximilien, Hugues.
*** Maximilien, Hugues, Maurice, Frédéric, Wolff.

à toutes vos prières... mais soyez paisible... nous le tenons! c'est là *... (Frappant sur le placard.) Là, qu'il cache la preuve de son crime.

TOUS.

Son crime!

HUGUES.

Oh! j'en suis sûr... j' l'ai vu prendre et remettre là bien précieusement, un grand portefeuille rouge... et puis les billets de M. Maximilien... vous savez... il vous l'a dit lui-même... passés dans mon portefeuille... eh ben! encore une fois, le portefeuille est là!

WOLFF, examinant la place.

Ah! c'est là?.. mais comment?...

HUGUES **.

Oh! il y a un secret... faut pas nous amuser à le chercher... pas tant de précautions à prendre avec un voleur... avec un gueux qui retient la fortune des autres... faut enfoncer l'armoire!

MAXIMILIEN.

Comment! enfoncer...

WOLFF, vivement.

Certainement... c'est le plus sûr moyen de ravoir vos billets...

HUGUES.

Et la fortune de ma bienfaitrice! j' vas dans la cuisine à Thérèse chercher des outils. (Il sort par le fond à gauche.)

SCÈNE X.

LES MÊMES, hors HUGUES.

MAURICE, partant d'un éclat de rire.

Il va très bien, le petit... en l'attendant, faisons chanter l'oiseau.

(Il tire de sa poche un rossignol, et s'occupe avec Frédéric à forcer le secrétaire.)

MAXIMILIEN, à Wolff, qui est resté près du placard.

Wolff, vous m'aviez promis un moyen?..

WOLFF.

Eh bien! voilà un moyen... vous reprenez vos titres.

MAXIMILIEN.

Mais, ai-je le droit?..

WOLFF.

Vous les reprenez, pour lui en donner d'autres à la place, vous ne faites pas de tort à votre créancier, et vous l'empêchez de vous en faire un considérable.

MAXIMILIEN, à lui-même.

Et puis... il l'a voulu!

(Wolff continue de lui parler bas, pendant que Maurice a forcé le secrétaire.)

MAURICE.

Là... ouvre-moi ton cœur, cher secrétaire.

FRÉDÉRIC, fouillant.

Et voyons ce qu'il a dans l'ame.

MAURICE.

Un demi-florin!

FRÉDÉRIC.

Et un chiffon de papier.

MAURICE, lisant.

« Cejourd'hui, 25 mai 1828, il me reste en caisse... » Nous sommes volés! (Il repousse le tiroir.) Prenons toujours le demi-florin, ça paiera la voiture.

SCÈNE XI.

LES MÊMES, HUGUES, apportant un ciseau, un marteau, etc., etc.; il est en manches de chemise.

HUGUES.

Messieurs, v'là tout ce qu'il faut... j' suis menuisier de mon état, ça ne sera pas long. (Il travaille tout en parlant.) Je m' suis mis à mon aise, comme vous voyez... du reste, le thé va son train... l'eau est bouillante.,. mais

* Hugues, Wolff, Maximilien, Maurice, Frédéric.

** Wolff, Maximilien, Hugues, Maurice, Frédéric.

Thérèse est allée faire ses provisions... parce que faut vous dire... il n'y a rien ici, ni sucre... le vieux chiche fait ses verres d'eau sucrée avec un filet de vinaigre.

WOLFF.

C'est un très bon ouvrier.

HUGUES.

Ah! j' connais mon affaire, là... (L'armoire s'ouvre.) C'est fait! v'là le grand portefeuille... (Il le prend et dit à Maximilien.) A nous deux, M. Maximilien... je dois avoir vos billets.

MAXIMILIEN.

Mes billets... (Il suit Hugues vers le secrétaire où tous deux ouvrent le portefeuille*.)

MAURICE, devant l'armoire ouverte.

A nous le reste! (Comptant de l'œil.) Un, deux, trois, quatre, cinq, six... il y a au moins vingt sacs! voilà le vrai tiroir à la monnaie!

MAXIMILIEN.

Ils n'y sont pas.

WOLFF, gravement.

Le superbe coup-d'œil pour un ancien inspecteur des monnaies... je rentre en fonctions... enlevons!

MAURICE et FRÉDÉRIC.

Oui, oui... enlevons!

HUGUES, se retournant.

Hein?.. (Ils les voit qui prennent les sacs d'argent et les posent sur le guéridon.) Eh ben! qu'est-ce que vous faites donc?

WOLFF.

Notre part.

HUGUES.

Vous prenez l'argent?

WOLFF.

Qu'est-ce que tu veux que nous prenions.

HUGUES.

Mais, vous êtes donc des voleurs?

MAURICE.

Et toi, qui enfonces les armoires?..

HUGUES.

Moi! je suis un honnête homme!

WOLFF.

Comme nous.

HUGUES, se tournant vers Maximilien.

Comment, M. Maximilien, c'est là vos amis?

MAXIMILIEN, troublé.

Mais, j'ignorais**... Maurice, Frédéric, que faites-vous? voler l'argent!

HUGUES, s'avançant.

Ah! mais un instant... je ne mange pas de ce pain là, moi!

(Maurice le repousse.)

MAXIMILIEN, à Wolff.

M. Wolff, vous m'avez trompé d'une manière infâme!

WOLFF, sans s'arrêter.

Vous êtes un niais.

HUGUES, étendant les mains sur les sacs qui couvrent la table.

Je vous dis, moi, que je ne souffrirai pas...

MAURICE.

Ah ça! est-ce qu'ils vont nous embêter long-temps?.. arrière, invalide.

(Il prend Hugues par son bras malade et le pousse violemment. Hugues tombe et pousse un cri douloureux. Dans la lutte, le guéridon est tombé ; la lumière s'est éteinte.)

HUGUES.

Oh! mon bras!

VALBENBRACK, en dehors.

Thérèse, Thérèse... venez m'éclairer.

WOLFF.

Du monde!

* Frédéric, Wolff, Maurice, Hugues, Maximilien.

** Frédéric, Wolff, Maximilien, Maurice, Hugues

MAXIMILIEN.

C'est Valbenbrack!

MAURICE, ouvrant la fenêtre.

Sauve qui peut! (Wolff et Frédéric descendent par la fenêtre.)

WOLFF, en passant.

Avantage de travailler à l'entresol.

MAXIMILIEN, cherchant Hugues dans l'obscurité.

Mais ce brave garçon...

MAURICE, le poussant vers la fenêtre.

Ne t'inquiètes pas... il nous suit.

VALBENBRACK, dehors.

Thérèse! (Maximilien et Maurice s'échappent.)

SCÈNE XII.

HUGUES, puis VALBENBRACK, et ensuite THÉRÈSE.

HUGUES, qui s'est relevé avec peine.

On vient!.. mais le portefeuille... (Il marche à tâtons vers le secrétaire, et reprend le portefeuille qui y est resté.) Je ne laisserai pas ici la fortune de ma bienfaitrice.

VALBENBRACK, paraissant à la porte.

Thérèse! (A lui-même.) Moi qui cherchais un prétexte pour revenir... la voiture a versé.

HUGUES, à part.

Valbenbrack! tâchons de lui échapper.

(Il va donner dans Valbenbrack, que l'obscurité l'empêche de voir, le renverse et se sauve par le fond.)

VALBENBRACK, tombant.

Au secours! Thérèse! au voleur!

THÉRÈSE, entrant du fond à gauche avec de la lumière.

Qu'est-ce qu'il y a?

VALBENBRACK, en se relevant, aperçoit l'armoire ouverte et ses sacs tout bouleversés.

Ah! je suis dévalisé, ruiné, assassiné!

THÉRÈSE, sur l'escalier au fond.

Au voleur! au voleur!.. arrêtez le voleur!

(Le rideau tombe.)

FIN DU DEUXIÈME ACTE.

ACTE III.

Le cabinet de Burmster. — Porte au fond, deux portes latérales, — A gauche de l'acteur, une petite table; à droite, un bureau.

SCÈNE I.

BURMSTER, MAXIMILIEN.

(Maximilien, devant la petite table à gauche; Burmster entre de droite, tenant à la main des papiers.)

BURMSTER, à lui-même.

Plus j'examine ces renseignemens, plus ils me semblent positifs; et cependant j'ai échoué auprès de ce Valbenbrack... sa figure, que j'observais hier, est restée impassible.

MAXIMILIEN, à part, sans se déranger.

Il ne s'aperçoit pas que je suis là, feignons aussi de ne pas le voir. (Il écrit avec action.)

BURMSTER, de même.

Pauvre Clémentine! ne pourrai-je donc au moins réparer une partie de mes torts envers elle? cette fortune qu'elle croit perdue, si je pouvais la lui rendre, alors au moins, mais seulement alors, je me croirais le droit de paraître devant elle. (Apercevant Maximilien.) Ah! c'est vous, Maximilien: au travail déjà, c'est exemplaire.

MAXIMILIEN.

Mon père, je vous ai promis...

BURMSTER.

De changer de conduite, c'est fort bien; mais vous tenez vos promesses, c'est encore mieux. Qu'avez-vous fait de votre soirée d'hier?

MAXIMILIEN.

Hier, mon père? un tour de promenade en vous quittant, et puis j'étais rentré avant dix heures.

BURMSTER.

Eh bien! que toutes vos soirées ressemblent à celle d'hier.

MAXIMILIEN, à part.

Oh! s'il savait...

SCÈNE II.

BURMSTER, UN OFFICIER DE POLICE, MAXIMILIEN.

L'OFFICIER DE POLICE, apportant un papier et un portefeuille.

M. le magistrat, je suis chargé de vous remettre ce rapport sur un vol commis la nuit dernière. Un homme a été arrêté, on a trouvé sur lui ce portefeuille.

MAXIMILIEN, à part

Le portefeuille de Valbenbrack! qui donc a été pris!

BURMSTER, à l'officier.

Que dans une heure le prévenu soit ici, je l'interrogerai.

(L'officier s'incline et sort.)

SCÈNE III.

BURMSTER, MAXIMILIEN.

BURMSTER, qui a été s'asseoir devant son bureau, lit tout haut le rapport.

« Hier soir, entre neuf et dix heures, rue de Berlin, des voleurs se sont » introduits dans le domicile du sieur Valbenbrack, alors absent. » Entre neuf et dix!.. peu de temps après que je l'ai eu quitté. « La garde urbaine a » pu saisir un des malfaiteurs au moment où il s'échappait de la maison : » C'est le nommé Hugues, ouvrier menuisier. »

MAXIMILIEN, qui suit la lecture, à part.

Pauvre garçon! c'est lui.

BURMSTER, réfléchissant.

Hugues, menuisier... mais il me semble, Maximilien, que c'est le jeune homme...

MAXIMILIEN.

Qui vous a présenté hier un mémoire... ce doit être lui.

BURMSTER.

Ce garçon m'a paru honnête.

MAXIMILIEN.

Et il l'est, mon père, oh! j'en répondrais.

BURMSTER.

Cependant on le trouve nanti d'un portefeuille qui paraît contenir des valeurs considérables... l'aurait-il trouvé? serait-il victime d'une erreur? Je veux que cette affaire s'instruise au plus tôt... achevons la lecture de ce rapport. (Il lit tout bas.)

MAXIMILIEN, à part.

Pauvre diable! j'en suis fâché pour lui, mais dans mon intérêt vaut mieux lui qu'un autre; il s'en tirera facilement, parce qu'après tout il n'a pas cru mal faire, et au moins il ne dénoncera personne, lui... Je vais toujours lui écrire un mot pour le rassurer et pour qu'il se taise. (Il écrit.)

SCÈNE IV.

BURMSTER, THÉRÈSE, MAXIMILIEN.

(Thérèse entre timidement par la porte du fond; elle porte sur son bras une redingote.)

THÉRÈSE, à part.

Ça doit être ici, on m'a dit la porte au fond du collidor. (Apercevant Maximilien qui écrit.) Ah! v'là du monde, j' vas demander, on n' peut pas me refuser ça. (Elevant un peu la voix.) C'est-il ici qu'il faut s'adresser.?..

MAXIMILIEN, qui s'est retourné, la reconnaît.

Thérèse!.. chut!

THÉRÈSE, de même.

C'est vous, M. Maximilien. (Pleurnichant.) Eh ben! vous savez le malheur?

MAXIMILIEN.

Silence! tout va bien.

THÉRÈSE, baissant la voix.

Mais non, il est en prison.

MAXIMILIEN.

Pas pour long-temps.

THÉRÈSE.

Qui est-ce qui dit ça?

MAXIMILIEN, lui montrant Burmster qui examine les papiers.

Mon père, qui lui veut du bien; soyez tranquille, il ne lui arrivera rien de fâcheux.

THÉRÈSE, avec joie.

Vrai? contez-moi donc ça. (Elle pose la redingote sur le dos d'une chaise près de Maximilien et va s'asseoir, quand Burmster se retourne.)

BURMSTER.

Qu'est-ce?

THÉRÈSE, faisant la révérence.

C'est moi, monsieur le magistrat.

BURMSTER.

Qui êtes-vous?

THÉRÈSE.

J' suis Thérèse, domestique de mon état, et fiancée de Hugues, le menuisier.

BURMSTER.

Ah! le jeune homme... et que demandez-vous?

THÉRÈSE.

La permission de le voir et de lui porter sa redingote, car faut vous dire, monsieur le magistrat, qu'on l'a arrêté en manches de chemise, et il ne doit pas faire chaud en prison.

BURMSTER.

Attendez un moment. (Il écrit.)

MAXIMILIEN, à part.

Quelle idée!.. il aura mon billet.

(Il glisse un billet dans la poche de la redingote.)

BURMSTER, donnant à Thérèse la permission.

Tenez.

THÉRÈSE.

Merci, monsieur le juge, comben que c'est?

BURMSTER, souriant.

Rien, mon enfant, rien. Maximilien, conduisez cette jeune fille, et puis vous prierez messieurs les conseillers Friedberg et Muller de se rendre ici; je ne veux pas que cette affaire souffre le moindre retard*.

THÉRÈSE, joyeuse.

Ben des remercimens, monsieur le juge... ah! j' croyais que la justice coûtait plus cher que ça. (Elle a repris la redingote et sort avec Maximilien par la gauche. Un domestique paraît à la porte du fond.)

SCÈNE V.

BURMSTER, UN DOMESTIQUE.

LE DOMESTIQUE, annonçant.

Sœur Marthe, de l'hospice Saint-Magloire, demande à être introduite auprès de monsieur le bourgmestre.

BURMSTER, se levant.

Faites entrer. (Le domestique sort.) Sœur Marthe... c'est Clémentine... est-ce un rêve?.. Clémentine ici!.. oh! pourrai-je soutenir ses regards et ses reproches? Je mourrai de honte à ses yeux, peut-être, et cependant je veux la revoir... la voici. (Il reste immobile.)

* Burmster, Maximilien, Thérèse

SCÈNE VI.

BURMSTER, S. MARTHE.

S. MARTHE, s'arrêtant après avoir jeté un regard sur Burmster.

(A part.) C'est bien lui !.. Mon Dieu, n'abandonnez pas la pauvre femme, éloignez de son cœur tout souvenir de colère, donnez-lui seulement la force de prier... (Haut et s'avançant vers Burmster.) Monsieur, vous ne me connaissez pas...

BURMSTER.

Quoi ! madame...

S. MARTHE.

Il est impossible, monsieur, que vous me connaissiez... habitant cette ville depuis fort peu de temps, c'est aujourd'hui seulement que j'ai su le nom de son premier magistrat. Sœur Marthe n'est pas connue de M. Burmster, et cela seul a pu la décider à risquer la démarche qu'elle hasarde aujourd'hui.

BURMSTER.

Puis-je vous démander, madame, le motif de cette démarche?

S. MARTHE.

Le motif, monsieur, c'est l'événement de cette nuit, événement sans doute bien ordinaire pour vous, magistrat suprême, qui ne devez voir là qu'un vol comme tant d'autres; pour moi, monsieur, c'est la source d'anxiétés et d'inquiétudes cruelles, c'est ce qui me jette dans le trouble où vous me voyez.

BURMSTER, avec beaucoup d'intérêt.

Calmez-vous, madame.

S. MARTHE.

Est-il vrai, monsieur, que le jeune homme arrêté hier soit un ouvrier du nom de Hugues?

BURMSTER.

Cela est vrai?

S. MARTHE.

Quel est son crime ?

BURMSTER.

On l'accuse de vol.

S. MARTHE, vivement.

Un vol ! c'est impossible, il est innocent.

BURMSTER.

Je le crois, madame, je crois ce jeune homme incapable d'une action honteuse.

S. MARTHE.

Le connaîtriez-vous, monsieur?

BURMSTER.

J'ai eu l'occasion de le voir à propos d'une affaire qui m'intéressait moi-même bien vivement, le recouvrement de la fortune de Mlle de Hordenstein. Je ne saurais vous dire combien je m'estimerais heureux de réussir dans les démarches que j'ai déjà faites à ce sujet; et si mademoiselle...

S. MARTHE, avec une gravité douce.

Parlons de ce jeune homme, c'est de lui, monsieur, que je suis venue vous entretenir.

BURMSTER.

Vous paraissez, madame, vous inquiéter beaucoup du sort de ce jeune homme, c'est un motif plus que suffisant pour que je m'en inquiète moi-même d'une façon toute particulière. Souffrez pourtant que je le fasse sans perdre de vue un seul instant les intérêts de Mlle de Hordenstein, qui sont pour moi quelque chose de sacré. Je ne sais pas encore quel sera le résultat de mes démarches, j'ignore également de quel œil Mlle de Hordenstein verra mes efforts; mais je peux le dire, la seule récompense que j'ambitionnerais, ce serait, après le plaisir de lui avoir été utile, celui de savoir qu'elle recevrait sans répugnance un service qui lui viendrait de moi.

S. MARTHE.

Hélas, monsieur, le service que vous rendriez à Mlle de Hordenstein, ne serait après tout qu'un service d'argent, et vous me permettrez de vous rappeler que, depuis vingt ans qu'elle vit dans la solitude et l'éloignement du monde, la pauvre Clémentine a eu le temps de s'accoutumer à toutes les privations de l'indigence ; mais une mère, monsieur, croyez-vous qu'une mère puisse s'accoutumer à l'idée de voir son fils flétri et malheureux?

BURMSTER, vivement.

Une mère, dites-vous?

S. MARTHE, contenant son émotion.

Et Mlle de Hordenstein connaît la mère de ce jeune homme, elle a pleuré avec la mère, elle a souffert de toutes ses angoisses, et maintenant, s'il est une prière suprême qu'elle adresse à la justice des hommes comme à celle de Dieu, c'est de sauver le fils, c'est d'arracher cet enfant à l'infamie.

(Elle tombe à ses genoux.)

BURMSTER, très ému.

Madame, madame, je ferai tout... on vient, de grace relevez-vous.

(Il s'empresse de la relever ; entre un domestique.)

LE DOMESTIQUE, annonçant.

M. Valbenbrack.

BURMSTER, remontant au fond pour faire signe qu'on peut entrer.

Valbenbrack ! * Il vient porter plainte contre ce jeune homme. (A Marthe.) Madame, puisque le sort du prévenu vous intéresse à un si haut degré, entrez ici, vous serez témoin des efforts que je vais faire, vous entendrez tout, vous serez juge aussi bien que moi.

(Il la fait entrer à droite ; Valbenbrack entre du fond ; le domestique sort.)

SCÈNE VII.

BURMSTER, VALBENBRACK.

VALBENBRACK, entrant en désordre.

Monsieur, monsieur, je suis un homme perdu, ruiné, assassiné, depuis hier je ne mange plus, je ne dors plus, on assure que j'existe encore, mais je ne puis le croire... non, bien décidément je n'existe plus.

BURMSTER.

Calmez-vous, monsieur, calmez-vous.

VALBENBRACK, criant plus fort.

Que je me calme, monsieur, quand les scélérats, non contens de me voler, de me dépouiller de ce que je possède, m'ont encore hideusement renversé et contusionné ! quand je puis montrer les traces de leur dépravation morale et de leur brutalité physique écrites sur mon malheureux individu en caractères tout bleus et tout noirs.

BURMSTER.

J'ignorais, monsieur...

VALBENBRACK.

Oui, monsieur, il y a eu effraction de ma caisse et de mes reins.

BURMSTER.

Mais enfin, monsieur, la perte est-elle?..

VALBENBRACK.

Immense, monsieur, immense; d'abord un demi-florin qu'ils ont dérobé dans mon secrétaire, ensuite un portefeuille contenant des valeurs considérables.

BURMSTER, lui montrant le portefeuille.

N'est-ce pas celui-ci?

VALBENBRACK, étendant la main.

Lui-même !.. permettez...

BURMSTER, retenant le portefeuille.

Un moment, il a été saisi sur le jeune homme arrêté à quelques pas de votre maison.

VALBENBRACK.

Je recommande cet odieux jeune homme à toute la vindicte des lois; mais rendez-moi... (Il étend la main.)

BURMSTER.

Je dois d'abord m'assurer que rien n'y manque.

VALBENBRACK.

Au fait, ce jeune chef de bande a dû être pressé de me dévaliser.

BURMSTER.

Asseyez-vous.

VALBENBRACK.

Vous êtes bien bon, je vous remercie.

* Burmster, S. Marthe.

BURMSTER.

Veuillez me désigner les valeurs une à une.

VALBENBRACK.

Volontiers; je tâcherai, monsieur, de me rappeler, car depuis cette horrible catastrophe, je n'ai plus deux idées à moi. D'abord il y avait un billet de banque de deux cents ducats.

BURMSTER, qui s'est assis et a ouvert le portefeuille.

Le voici.

VALBENBRACK.

Vraiment! les infâmes ne l'auront pas aperçu!.. ensuite quatre actions de la banque de Vienne.

BURMSTER.

Elles y sont.

VALBENBRACK.

Sauvées aussi!.. les scélérats!.. plus, trois effets à diverses échéances.

BURMSTER.

Les voilà.

VALBENBRACK.

Oui, oui, les voilà!.. oh! lâches bandits!.. plus, dix-sept billets protestés.

BURMSTER.

En une seule liasse; il s'y trouvent.

VALBENBRACK.

Très bien! enfin une mèche de cheveux de ma pauvre défunte, et une dent de la susdite montée en épingle.

BURMSTER.

Rien n'y manque.

VALBENBRACK.

Rien n'y manque en effet, ces infâmes brigands ne m'ont rien pris du tout. Je tremblais pour les restes précieux de mon épouse et pour mes actions sur la banque... grace au ciel, je retrouve tout dans son état primitif.

BURMSTER, dépliant un dernier papier.

Il reste encore un papier... Que vois-je?.. une lettre du vicomte de Hordenstein.

VALBENBRACK, très vivement.

Hein?.. (A part.) Je suis pris!

BURMSTER, parcourant la lettre.

Il annonce le dépôt qu'il vient de faire de cent mille florins... il vous désigne le banquier... et cet ami qu'il charge de ses pleins pouvoirs, c'est vous!.. et, depuis vingt-cinq ans, vous retenez une fortune qui n'est pas la vôtre, et vous laissez dans l'indigence l'héritière légitime!..

VALBENBRACK.

Monsieur, j'ignorais l'existence d'une héritière légitime...

BURMSTER.

L'ignoriez-vous hier, monsieur, quand vous avez osé nier devant moi?..

VALBENBRACK.

Hier, monsieur, j'ai eu tort peut-être; mais enfin, mettez-vous à ma place, après vingt-cinq ans, c'est bien dur... Tenez, monsieur, je ne suis pas un Turc... je retrouve les choses à peu près telles qu'elles étaient, eh bien! prenons qu'on ne m'a pas volé, je retire ma plainte, je n'en veux à personne et restons-en là.

BURMSTER.

Qu'osez-vous proposer, monsieur? mais ne comprenez-vous pas que c'est vous que mon devoir m'ordonne à présent de poursuivre?

VALBENBRACK.

Je comprends parfaitement que vous vous créez un devoir chimérique...

BURMSTER.

Pas un mot de plus, monsieur; une plainte a été formée par vous, un homme arrêté, il faut que la justice ait son cours. Quant à l'affaire de la succession que vous voudriez étouffer, abstenez-vous de toute prière auprès de moi; en supposant que vous pussiez me décider à devenir votre complice, vous ne devriez pas être plus tranquille, car nous avons parlé devant témoin.

VALBENBRACK, effrayé.

Quel témoin?

BURMSTER, indiquant la porte à droite.

J'entre ici, monsieur, et tout-à-l'heure je serai près de vous avec la personne à qui vous pourrez adresser vos prières, car cette personne a tout entendu, et elle aussi a droit de prononcer si la fortune de Mlle de Hordenstein doit rester en vos mains. (Il entre à droite.)

SCÈNE VIII.

VALBENBRACK, seul.

Un témoin! mais c'est un guet-à-pens!.. qu'est-ce qu'il veut dire par sa personne qui a droit de prononcer?.. je m'y perds. (Avec colère.) Imbécile que je suis, d'être parti sans avoir brûlé ce maudit papier!.. C'est un enragé que ce magistrat-là!.. si je lui offrais de partager... partager, c'est diablement cher. Non, seulement de lui rendre les billets de son fils... je les ai justement sur moi. (Il les tire de sa poche et les considère.) En voilà, ma foi, pour trois mille florins... Eh bien! oui, mais si c'est vrai qu'il y ait un témoin...

SCÈNE IX.

VALBENBRACK, THÉRÈSE.

THÉRÈSE, en dehors.

J' vous dis qu'il faut que j' parle encore à M. le bourgmestre.

(Elle entre de la gauche.)

VALBENBRACK.

Thérèse!.. Et que viens-tu lui dire à ton bourgmestre?

THÉRÈSE.

Que mon pauvre Hugues est innocent.

VALBENBRACK.

Innocent! lui qui est cause de tout mon malheur! Je veux qu'il soit pendu.

THÉRÈSE.

Oh ben! non, par exemple, il n' le mérite guères... à preuve que tout-à-l'heure M. le magistrat m'avait permis d'aller le voir pour lui porter sa redingote et un mot de consolation pour le réchauffer. J'arrive à la maison d'arrêt, mais le geôlier me dit avec sa jolie voix (Faisant la grosse voix) : « Le » prisonnier est impossible à parler pour le quart-d'heure. — Mais, que je » réponds, voulez-vous lui remettre c'te redingote et ce ducat que je lui » apportais? — Je suis susceptible de tout ça pour vous obliger, » qu'il me répond toujours avec sa voix flûtée; alors je glisse ma monnaie dans la poche, et devinez c' que je trouve?

VALBENBRACK.

Au diable la bavarde!

THÉRÈSE.

Je trouve un billet, je l' confisque, l'agréable geôlier prend la redingote et m' pousse dans la rue... j' lis mon billet... savez-vous c' qu'il dit mon billet?

VALBENBRACK.

Laisse-moi tranquille!

THÉRÈSE.

Il dit le nom des voleurs, et c'est pas mon petit Hugues!.. lisez...

(Elle le lui met sous le nez.)

VALBENBRACK, lisant.

« Tu n'as rien à craindre; les seuls coupables, Wolff, Maurice et Frédé» ric ont quitté la ville cette nuit; dis les choses telles qu'elles se sont pas» sées, contente-toi de ne pas me nommer, et pas d'inquiétude sur moi, » le nom de mon père me met à l'abri même du soupçon. »

THÉRÈSE.

Hein? « les seuls coupables! »

VALBENBRACK.

Oui.

THÉRÈSE.

Et puis : « Dis les choses telles qu'elles se sont passées... » à preuve qu'il n'a pas fait de mal, n'est-ce pas?

VALBENBRACK, sans l'écouter.

Qui diable a écrit?.. je connais cette main-là. (Jetant un coup d'œil sur les billets qu'il a toujours entre les mains.) Justement! je le tiens.

THÉRÈSE.

Le voleur?

VALBENBRACK.

Oui ! oui !.. ah ! M. le magistrat inflexible, nous verrons si vous êtes toujours aussi impitoyable... tout est sauvé *.

THÉRÈSE.

Qui sauvé ? mon petit Hugues, n'est-ce pas ? j'en étais sûre.

VALBENBRACK.

On vient... va-t-en**.

THÉRÈSE.

Et mon papier ?.. vous gardez mon papier ?

VALBENBRACK.

Laisse, j'en ai besoin pour le confondre.

THÉRÈSE.

Ah ! vous allez parler... parler tout de suite, n'est-ce pas ? bon... bon... j' vous laisse. (Revenant.) Dites donc, monsieur, tâchez qu'il sorte aujourd'hui ; la nuit il serait capable d'attraper un rhume.

VALBENBRACK, la poussant dehors.

Oui ; mais va-t-en, va-t-en donc ! (Elle sort par le fond.)

SCÈNE X.

S. MARTHE, BURMSTER, VALBENBACK.

VALBENBRACK, à part en voyant entrer S. Marthe.

Ah ! c'est le témoin en question ! (Haut.) Eh bien ! M. le magistrat, puis-je espérer...

BURMSTER, montrant S. Marthe.

Adressez-vous, monsieur, à l'héritière que vous avez dépouillée.

VALBENBRACK.

Quoi ! madame...

BURMSTER.

Madame est la fille unique du vicomte de Hordenstein.

VALBENBRACK.

En vérité !..*** quoique je n'aie pas l'avantage de connaître madame, je dépose mon hommage. (Il salue.) Mais ce que j'ai à vous dire, M. le magistrat, est relatif, non plus à la succession, mais au vol commis hier chez votre serviteur.

BURMSTER.

Auriez-vous découvert...

VALBENBRACK.

Les vrais coupables ? oui monsieur, car, selon toute apparence, le jeune homme arrêté est innocent.

S. MARTHE, avec joie.

Innocent !

BURMSTER.

Et ces coupables, qui sont-ils ?

VALBENBRACK.

Avant que je vous les nomme, une question, monsieur : quels que soient ceux que je vais vous désigner, il est bien entendu que ni leur position, ni le nom qu'ils portent, ni rien au monde ne pourrait les soustraire aux coups de la justice ?

BURMSTER.

Rien, monsieur, car la justice est instituée pour frapper comme pour protéger tout le monde.

VALBENBRACK.

C'est ce que j'ai toujours pensé. Veuillez, monsieur, prêter l'oreille à ce que je vais lire ; ce billet est adressé au jeune ouvrier que vous allez interroger. (Il lit.) « Tu n'as rien à craindre ; les seuls coupables, Wolff, » Maurice et Frédéric, ont quitté la ville cette nuit. » (S'interrompant.) Sans vous demander permission, M. le bourgmestre... je continue : « Dis les » choses telles qu'elles se sont passées ; contente-toi de ne pas me nommer, » et pas d'inquiétude sur moi... le nom de mon père me met à l'abri même » du soupçon. »

BURMSTER.

Ce billet est celui d'un complice ; et il est signé ?..

* Thérèse, Valbenbrack.

** Valbenbrack, Thérèse.

*** S. Marthe, Burmster, Valbenbrack.

VALBENBRACK.

Un billet de ce genre ne se signe pas, mais on peut connaître l'écriture.

BURMSTER.

Et vous l'avez reconnue?

VALBENBRACK.

Comme vous allez la reconnaître aussi. (Il lui présente le billet.)

BURMSTER.

Que vois-je! l'écriture...

VALBENBRACK, retirant le papier.

De votre fils.

S. MARTHE.

Est-il possible?..

BURMSTER.

Je suis déshonoré!

VALBENBRACK.

Pas encore publiquement, et il ne tiendra qu'à vous de l'éviter.

BURMSTER.

Comment?

VALBENBRACK.

Je n'ai contre votre fils qu'une seule preuve... ce billet...

BURMSTER.

Cela est vrai.

VALBENBRACK.

Comme vous n'en avez qu'une contre moi, la lettre en question.

BURMSTER.

Eh bien! monsieur?

VALBENBRACK.

Eh bien! ne comprenez-vous pas qu'un échange?..

BURMSTER.

Dites un crime.

VALBENBRACK.

Qui effacera le crime de votre fils, sans qu'il vous en coûte un denier.

BURMSTER.

Mais mon devoir, mais ma conscience...

VALBENBRACK.

Mais le déshonneur, mais l'infamie d'une condamnation... car il vous faudra condamner votre fils.

BURMSTER, avec force.

Je le condamnerai!.. mieux vaut mon fils flétri que la loi violée!

VALBENBRACK.

Ainsi nous aurons le chagrin de voir un jeune homme de vingt ans figurer au pilori avec cette inscription au-dessus de sa tête : « Maximilien Burmster, voleur. »

BURMSTER, cachant sa figure dans ses mains.

O Dieux!

S. MARTHE, s'avançant vers Valbenbrack*.

Vous ne verrez pas cela, monsieur; donnez-moi ce billet, voici la lettre de mon père. (Elle la lui donne.)

BURMSTER.

Que faites-vous?

S. MARTHE, déchirant le billet que lui a remis Valbenbrack.

Je sauve l'honneur de votre nom.

VALBENBRACK, déchirant la lettre.

En effet, voilà qui concilie tout.

BURMSTER, à S. Marthe.

Mais votre fortune...

S. MARTHE.

Ma seule fortune aujourd'hui, c'est l'honneur, c'est la vie de l'enfant que vous allez juger!

BURMSTER.

Quoi! ce pauvre Hugues...

S. MARTHE.

Sauvez-le! sauvez-le!..

* Burmster, S. Marthe, Valbenbrack.

VALBENBRACK, avec emphase.

Madame, du moment que c'est là tout ce que vous demandez, je ne veux pas être avec vous en reste de générosité... je pardonne à ce jeune pécheur.

SCENE XI.

MAXIMILIEN, BURMSTER, S. MARTHE, VALBENBRACK.

MAXIMILIEN, entrant du fond.

Mon père, voici messieurs les conseillers Muller et Friedberg.

BURMSTER.

Sortez, monsieur, je sais tout... un billet écrit de votre main m'a tout appris. Quittez la ville aujourd'hui, à l'instant même; aujourd'hui je ne fais que vous chasser, demain je vous condamnerais comme infâme... sortez...

MAXIMILIEN, d'un air suppliant.

Mon père...

BURMSTER.

Plus rien entre nous... je vous ai dit de sortir.

(Il lui montre la porte à droite, Maximilien s'incline et sort. Entrent du fond les deux conseillers, Hugues, etc., etc.)

SCÈNE XII.

1er CONSEILLER, 2e CONSEILLER, BURMSTER, HUGUES, entre deux gendarmes, THÉRÈSE, S. MARTHE, VALBENBRACK.

Burmster et les deux conseillers sont assis autour du bureau à droite; tous les autres sont debout.

HUGUES, apercevant S. Marthe.

Sœur Marthe! (Il se jette à genoux devant elle.) ma bienfaitrice, je ne suis pas coupable.

S. MARTHE, le relevant.

Du courage.

HUGUES.

Oh! j'en ai du courage... et de la joie, car j'ai réussi.

THÉRÈSE.

Oui, réussi... à te faire arrêter.

HUGUES, bas à Thérèse.

Tais-toi, poltronne.

VALBENBRACK.

Avant de pousser l'affaire plus loin, je dois déclarer, messieurs, qu'il y a eu erreur de ma part en annonçant que j'avais été volé... je retire ma plainte.

S. MARTHE, à part.

Il va m'être rendu.

THÉRÈSE.

J'étais ben sûre qu'il était innocent.

1er CONSEILLER.

Cependant un portefeuille a été saisi sur ce jeune homme, et ce portefeuille vous appartient.

VALBENBRACK.

Je l'avais perdu, ce jeune homme l'a trouvé, je le retrouve à mon tour, je le reprends, et tout est fini. (A part.) Si ce n'est pas là de la générosité.

HUGUES.

Un instant, je m'y oppose.

VALBENBRACK.

Comment! vous vous opposez à ce que je reprenne mon portefeuille, en proclamant votre innocence?

HUGUES.

Innocent! je ne veux pas l'être à ce prix. Oui, messieurs, ce portefeuille, je l'ai pris; mais non pour voler, non pour faire une action infâme... j'ai pris ce portefeuille, messieurs, pour en tirer un papier que je savais y être renfermé, lequel papier prouve que l'homme ici présent retient en son pouvoir, depuis vingt-cinq ans, une somme de cent mille florins appartenant à Mlle Clémentine de Hordenstein... Voilà pourquoi j'ai pris ce portefeuille.

LE CONSEILLER.

Et pour y parvenir?..

HUGUES.

Je me suis introduit chez cet homme, et pendant son absence j'ai brisé l'armoire où je savais qu'il cachait la preuve de son crime... et la preuve, elle est là, ouvrez le portefeuille.

LE CONSEILLER.

Le portefeuille est entre les mains de la justice, plus tard on examinera...

VALBENBRACK, vivement*.

Non, monsieur, non, pas plus tard... c'est à l'instant même que je désire être lavé de l'odieuse calomnie dont ce misérable ose me flétrir pour prix de ma générosité. Je demande que le portefeuille soit ouvert; on se convaincra facilement que cette pièce imaginaire n'existe pas.

LE CONSEILLER.

Votre demande est juste. (A Burmster.) M. le président, nous allons examiner.

(Ils ouvrent le portefeuille, dont ils passent les papiers en revue.)

S. MARTHE, à part.

Il est perdu!

HUGUES, à part.

Comment! il a le front de demander... oh! le vieux gredin!.. c'est une ruse... mais il va changer de gamme.

LE CONSEILLER.

Ce jeune homme a menti, rien de semblable à l'acte dont il parle ne se trouve dans ce portefeuille.

HUGUES.

Comment! vous n'avez pas trouvé?..

LE CONSEILLER, se levant.

Silence!.. Vû les preuves résultant de l'instruction, ouï le prévenu dans ses aveux, nous conseillers d'accusation, renvoyons le nommé Hugues, menuisier, devant le tribunal criminel, comme accusé de vol avec effraction, crime puni par la loi d'une peine de dix à vingt ans de travaux forcés.

S. MARTHE, avec un cri déchirant.

Ah! mon fils! (Elle tombe évanouie aux pieds de Hugues.)

TOUS.

Son fils! (Tableau. — La toile tombe.)

* 1er conseiller, 2e conseiller, Burmster, Valbenbrack, Hugues, Thérèse, S. Marthe.

FIN DU TROISIÈME ACTE.

ACTE IV.

Une forêt. — A gauche de l'acteur, une maisonnette ayant l'extérieur d'un cabaret; devant la porte, une table et des bancs. — A droite, au premier plan, un banc de gazon.

SCÈNE I.

MAURICE, déguisé; VOLEURS, puis THÉRÈSE.

(Maurice et ses compagnons entrent de la droite.)

TOUS, frappant sur la table avec leurs bâtons.

Ohé! la maison!

THÉRÈSE, sortant de la maison.

Qu'est-ce qu'il faut?

MAURICE.

Du vin! (Thérèse entre dans la maison.) Et du bon! asseyons-nous, mes amis.

(Ils prennent place autour de la table.)

THÉRÈSE, rentrant avec une bouteille et des gobelets.

Voilà! voilà!

MAURICE, à un camarade.

Verse à la santé de Mlle Thérèse.

THÉRÈSE.

Tiens! vous savez mon nom?

MAURICE.

Et c'est celui d'une jolie fille.

THÉRÈSE.

D'où ça que vous m' connaissez donc?

MAURICE.

N'étiez-vous pas à Stutgard, il n'y a pas plus de trois mois?

THÉRÈSE.

C'est là que vous m'avez vue?

MAURICE.

Et je ne m'attendais guères à vous retrouver aujourd'hui, tenant un cabaret sur la lisière de la Forêt-Noire.

THÉRÈSE.

Je n'y avais jamais pensé non plus, moi... mais vous savez le proverbe, l'homme propose...

MAURICE, se levant.

Et la justice dispose.

THÉRÈSE.

Hein? qu'est-ce que vous dites?

MAURICE.

Je dis que quand on a une dette à lui payer à dame justice, on ne fait pas mal de lui brûler la politesse... et c'est très bien à vous et à c'te bonne femme, qui demeure ici avec vous, de n'avoir pas abandonné le pauvre débiteur.

THÉRÈSE.

Je ne comprends pas un mot à tout ce que vous dites.

MAURICE.

Eh bien! je vais tâcher d'être plus clair : Si vous aviez occasion de rencontrer... par hasard... un brave garçon, appelé Hugues, dites-lui que j'ai vu, dans les environs, un de ses anciens amis qui ne l'a pas oublié.

THÉRÈSE, avec défiance.

Un ami? (A part.) C'est des espions... avec ça qu'il m' semble reconnaître c'te voix-là! (Haut.) J' vous répète que je suis seule avec ma tante dans ce cabaret que j'ai acheté du fruit de mes économies...

MAURICE.

Vous êtes heureuse d'avoir pu en faire chez ce vieux pingre de Valbenbrack.

THÉRÈSE, à part.

C'est le diable déguisé que cet homme-là... il connaît tout le monde.

MAURICE.

Mais, j'aperçois un ami.... allons, Mlle Thérèse, une seconde bouteille. et dormez sur les deux oreilles, innocente brebis, votre secret est entre bonnes mains.

THÉRÈSE, à part.

J' vas toujours dire à Hugues de s' tenir sur ses gardes.

(Elle entre dans la maison ; Maximilien arrive du fond.)

SCÈNE II.

MAURICE, VOLEURS, MAXIMILIEN, mal vêtu, la barbe longue.

MAURICE.

Eh bien! quelles nouvelles de la ville?

MAXIMILIEN.

Excellentes!.. l'usurier est en route; il a accepté la moitié de la chaise de poste du cher inspecteur.

MAURICE.

Alors, tu es content?

MAXIMILIEN.

Oui... car je serai vengé de cet homme... de ce Valbenbrack à qui je dois tous mes malheurs! pour acquitter une première dette contractée envers lui, je suis devenu faussaire; parce que j'étais faussaire, je me suis fait complice d'un vol; et maintenant... maintenant. je suis des vôtres...

MAURICE.

Notre chef!

MAXIMILIEN.

Bel honneur, vraiment!

MAURICE.

Vas-tu pas faire le fier? lorsque chassé par l'estimable auteur de tes jours, tu errais dans ces contrées sans pain, sans gite, tu étais moins difficile; aujourd'hui, monsieur rougit de lui, parce qu'il rougit de nous; tiens... je te conseille de te repentir... de demander grace.

MAXIMILIEN.

Tais-toi, bavard.... je sais que le seul repentir possible, pour moi, c'est une balle dans la tête; la seule grace que j'ai droit d'attendre, c'est la potence!

MAURICE.

Bien dit! quand on n'a plus à craindre que le suicide et le bourreau, on se moque de tout... même des gendarmes!

MAXIMILIEN.

Vous n'avez rien vu?

MAURICE.

Pas la queue d'un uniforme.

MAXIMILIEN.

Ce n'est pas pour moi, que je tremble, mais pour celui qui s'est réfugié là... (Il indique la maison.) Deux fois il m'a sauvé, la première en me défendant, la seconde en ne me dénonçant pas : je lui dois la vie et l'honneur... (Avec amertume.) L'honneur!

MAURICE.

Encore tes réflexions philosophiques...

MAXIMILIEN.

Silence! quelqu'un... partons.

SCÈNE III.

LES MÊMES, THÉRÈSE.

THÉRÈSE, apportant une bouteille.

V'là la bouteille demandée.

MAURICE, versant.

Camarades, le coup de l'étrier! (A Thérèse.) Qu'est-ce que nous devons?

THÉRÈSE.

Un florin.

MAXIMILIEN, jetant deux pièces sur la table.

En voici deux.

THÉRÈSE, étonnée.

Deux!

MAURICE.

Il y en a un pour la jolie fille; au revoir, cabaretière des amours... nous avons encore à faire un joli bout de chemin, nous allons à la foire de Leipsick.

THÉRÈSE.

Vous êtes donc des marchands?

MAURICE.

Des commerçans, oui... des faiseurs d'affaires... nous achetons des marchandises au-dessous du cours... Adieu! (Ils sortent par la gauche.)

SCÈNE IV.

THÉRÈSE, seule.

Est-ce que je me serais trompée?.. un florin à la fille... la police n'est pas si généreuse; n'importe, ils sont partis... prévenons Hugues qu'il peut sortir; pauvre garçon! être enfermé comme ça toute la sainte journée. (Appelant.) Hugues! Hugues!

SCÈNE V.

THÉRÈSE, HUGUES, S. MARTHE.

HUGUES, montrant sa tête à la porte.

Liberté, LIBERTAS! hein, Thérèse? (Entrant en scène.) Ah! que c'est bon le grand air!

S. MARTHE, entrant après lui.

Pauvre enfant! la vie que tu mènes, depuis près de trois mois, est bien triste... tu n'es pas heureux ici?

HUGUES.

Je ne suis pas heureux! quand j'ai près de moi tout ce qui m'est cher... Thérèse, qui sera ma femme... et vous... vous qui êtes ma mère! ma mère! moi qui vous aimais déjà tant, j' peux vous aimer, maintenant, d'un amour de fils!..

S. MARTHE.

Cher enfant!

HUGUES.

Oh! c'est le ciel, qui m'inspirait, lorsque je voulais me sacrifier pour vous! quand j'aurais donné pour vous ma vie, eh! je n'aurais fait que vous rendre ce que vous m'aviez donné déjà! mais non. le bon Dieu n'a pas voulu nous séparer... il m'a rendu la liberté!

THÉRÈSE.

Par un miracle.

S. MARTHE.

Oh! je n'oublirai jamais les trois jours d'angoisses qui ont suivi ta condamnation à dix années d'une peine infamante!

HUGUES.

Ni moi, la nuit de ma délivrance; il m' semble encore que c'est un rêve : j' dormais dans mon cachot... comme un homme qui n'a pas d'autre occupation... pan... pan... que j' me sens faire sur l'épaule; c'était une main, dont la figure m'était d'autant plus inconnue... qu'il faisait noir comme dans une bouteille d'encre.—« Qui vive?—Suis-moi, si tu veux être libre, » dit l' propriétaire de la main. Au p'tit bonheur! je me lève... et je vois la lueur d'une lanterne... juste ce qu'il en fallait pour éclairer la main qui me conduisait sans dire un seul mot, et à qui j' répondais sur le même ton. Tout d'un coup, ma main... quand j' dis la mienne... non, l'autre... lève une dalle et me fait signe de descendre... me v'là en bas... c'était un cimetière.

THÉRÈSE.

Dieux! que j'aurais eu peur!

HUGUES.

Et moi donc, si j'avais eu le temps; mais j' savais que la prison était un ancien couvent, et qu'on m'avait mis dans un des cachots oùsque les moines enfermaient les frères que le chapitre avait condamnés à mourir... je m' dis: « C'est par c't escalier-là qu'on descendait l' corps du condamné... » j'aime mieux y descendre vivant que mort. » Tout d'un coup, en passant sous une voûte, nous entendons des cris aigus, un grand bruit... frou, frou, frou... la lanterne s'éteint, et nous sommes enveloppés par une nuée...

THÉRÈSE.

De revenans?

HUGUES.

Non... de chauve-souris, que la lumière avait éveillées en sursaut... car il paraît que ces oiseaux-là dorment très bien sans veilleuse. Nous continuons notre route et notre conversation... toujours sans rien dire; nous arrivons à une grille; la main l'ouvre; et nous v'là dans la campagne. « Tu » es libre, que me dit la main; suis ce sentier jusqu'à la lisière de la Forêt-» Noire; tu tourneras à gauche, et de l'éminence où tu seras, tu apercevras une lumière; marche droit à elle; et frappe à une porte qui s'ou-» vrira devant toi. »

S. MARTHE.

Et cette porte, mon pauvre enfant, c'est ta mère qui te l'a ouverte; car un billet, venu par une voie mystérieuse, m'avait prévenue qu'à l'auberge des Quatre Chemins, à l'entrée de la Forêt-Noire, sur la route de Stutgard à Leipsick, je retrouverais mon fils.

HUGUES.

Et personne ici n'a pu vous donner d'autres renseignemens?..

S. MARTHE.

La vieille femme, que nous avons trouvée, ne nous a dit que ces mots :

« Cette auberge est à vous; on vous prie de continuer à y recevoir les voyageurs. »

THÉRÈSE.

Et voilà comment nous sommes devenues cabaretières; mais j' vous demande qui ça peut être...

HUGUES.

Qui m'a délivré?.. ma foi j' n'en sais rien, il m'avait semblé d'abord que la voix de c'te main du bon Dieu n' m'était pas inconnue... mais j'ai beau chercher... j'ai fini par me dire que ça ne pouvait pas être un homme; il n'y a pas un homme au monde qui se serait donné autant de peine pour un pauvre diable comme moi.

S. MARTHE.

Il y en a un peut-être.

HUGUES.

Lequel, donc?

S. MARTHE.

Ton père.

HUGUES.

Mon père! il serait vivant! et vous ne me l'avez pas nommé!

S. MARTHE.

Je n'en ai pas le droit, un jour peut-être tu le connaîtras... c'est qu'alors ton père aura demandé son fils, c'est qu'il t'aura ouvert ses bras... jusques-là, j'ai juré de me taire.

THÉRÈSE, vivement.

J'entends marcher.

HUGUES.

C'est les pas de plusieurs hommes armés.

THÉRÈSE, qui a remonté au fond.

Les gendarmes!

S. MARTHE, à Hugues qu'elle pousse dans la chaumière.

Rentre vite, mon enfant, et cache-toi.

THÉRÈSE.

Soyez tranquille, il a le temps... je vas les faire jaser.

SCÈNE VI.

S. MARTHE, assise sur le banc à droite, UN BRIGADIER, trois Soldats de maréchaussée, THÉRÈSE.

LE BRIGADIER.

A qui appartient cette maison?

S. MARTHE.

A moi, monsieur le brigadier.

THÉRÈSE, s'avançant.

Qu'est-ce qu'il faut vous servir?.. du vin, de la bière, du chnik... oh! du chnik! nous en avons qui résusciterait un mort... quand ca vous passe par le gosier, on dirait un fer rouge... c'est très raffraîchissant.

LE BRIGADIER.

Bien obligé de votre offre hospitalière, jeune syrène; mais pour le quart-d'heure, c'est pas nos gosiers que nous venons satisfaire, c'est nos yeux vigilans.

THÉRÈSE.

Si c'est pour vos yeux, nous avons de l'eau de puits... c'est encore très bienfaisant, l'eau de puits, on trempe son mouchoir dedans, et on se bassine l'œil à discrétion.

LE BRIGADIER.

Merci de rechef, jeunesse officieuse... nous n'avons pas besoin de bassinoire, nous voulons simplement pénétrer dans votre intérieur, pour y opérer une légère perquisition, relativement à un jeune scélérat, qui s'est évadé de la prison de Stutgard. (Il fait un pas vers la maison.)

S. MARTHE, à part.

Il est perdu!

THÉRÈSE, lui barrant le passage.

Comment! une perquisition! apprenez, brigadier, que nous ne sommes pas des femmes qu'on perquisitionne.

LE BRIGADIER.

Jeune cabaretière, je vous enjoins de ne pas abuser de la faiblesse de votre sexe pour me barrer le passage ; je respecte la beauté, mais quand le devoir l'exige, je la bouscule... (Il la fait pirouetter*.) Entrez, camarades, cherchez partout... moi, je reste à la porte, et j'intercepte la sortie.

(Les soldats entrent dans la maison.)

THÉRÈSE, à part.

Comment le tirer de là ? essayons... il est caché en bas. (Regardant la croisée et faisant des signes.) Hem! hem!

LE BRIGADIER, vivement.

Qu'est-ce que c'est ?

THÉRÈSE.

Rien... je suis enrhumée... pas du cerveau, de la poitrine... et je tousse... v'là tout, c'est ma toux. (Elle fait de nouveaux signes, le brigadier les remarque.)

LE BRIGADIER, à part.

Le gibier est en haut! (Criant par la porte aux soldats qui sont dans la maison.) Montez au premier!

S. MARTHE, bas à Thérèse.

Imprudente!

THÉRÈSE, de même.

C'est ce que je voulais. (Haut et chantant.)

Prenez garde, (BIS).
Le brigadier d'en bas regarde.

LE BRIGADIER.

Oui, oui, je regarde... et si l'oiseau bouge, je le tire au vol.

(En disant cela, il couche en joue la fenêtre et reste les yeux fixés dessus.)

THÉRÈSE, passant devant lui et masquant la porte**.

Brigadier, vous n'avez pas le droit de tuer un homme comme un pierrot.

LE BRIGADIER, toujours dans la même position.

Ça m'est égal... je le prends le droit.

THÉRÈSE.

C'est une injustice... à bas le brigadier!

(Pendant que le brigadier a toujours les yeux fixés sur la fenêtre, Hugues se glisse derrière Thérèse qui est toujours devant la porte, et disparaît par la gauche. Le brigadier n'a pas bougé.)

S. MARTHE, à part.

Il est sauvé!

LE BRIGADIER, se retournant vers S. Marthe.

Plait-il?

UN GENDARME, paraissant à la fenêtre.

Personne en haut ni en bas.

THÉRÈSE.

Enfoncé, le brigadier!***

LE BRIGADIER.

Comment! enfoncé!

THÉRÈSE.

Eh! oui! vous ne voyiez pas que tous les signes que je faisais, tout ce que je vous disais, c'était histoire de rire et de s'amuser une minute; mais, beau brigadier, il n'y a pas plus d'homme caché dans c'te maison que dans vos bottes à l'écuyère. (Les gendarmes sortent de la maison.)

LE BRIGADIER.

Vous êtes donc une farceuse, alors?

THÉRÈSE, riant, et lui fourrant des tapes et des coups de poing.

Mais oui, mais oui, mais oui...****

LE BRIGADIER.

Ah ben! je vous reconnaîtrai, petite folâtre; adieu, nous reviendrons rire ici.

THÉRÈSE.

Vous partez tout de suite? eh ben! moi aussi.

* S. Marthe, Thérèse, les Soldats, le Brigadier.

** S. Marthe, le Brigadier, Thérèse.

*** S. Marthe, Thérèse, le Brigadier.

**** S. Marthe, les Soldats, le Brigadier, Thérèse.

LE BRIGADIER.

Vous?

THÉRÈSE, prenant un panier à l'entrée de la maison.

J'ai affaire à la ville, pour y renouveler nos provisions; serez-vous assez galans pour m'accompagner jusqu'à la lisière du bois?

LE BRIGADIER.

Comment donc!.. le gendarme est toujours galant... dès que la consigne le permet.

THÉRÈSE.

Eh ben! j' profiterai de votre société *. (Bas à S. Marthe en l'embrassant.) Et j' serai sûre de les éloigner. (Elle prend un gendarme sous chaque bras.) Me v'là en bonne compagnie... en avant marche. (Elle sort avec eux par le fond à droite.)

SCÈNE VII.

S. MARTHE, puis HUGUES.

S. MARTHE, se lève et les suit des yeux.

Les voilà partis!

HUGUES, rentrant du côté opposé.

Et moi, me v'là revenu. (Tous deux s'asseoient sur le banc à droite.)

S. MARTHE.

Cher enfant, combien j'ai tremblé!

HUGUES.

Bah! bah! j'étais sûr que c'te fine mouche de Thérèse nous tirerait de là.

S. MARTHE.

Sans sa présence d'esprit, c'en était fait de toi.

HUGUES.

Après ça, puisqu'au premier moment j' serai son mari, elle a travaillé pour elle.

S. MARTHE.

Pour elle, pour nous... car c'est ensemble seulement que nous pouvons être heureux!

HUGUES.

Et ce bonheur d'être réunis, depuis plus de deux mois nous le goûtons, ma mère!

S. MARTHE.

Mais, hélas! cela doit-il durer! qui sait ce que nous garde l'avenir! d'un moment à l'autre, on peut découvrir ta retraite... et quand tu échapperais aux poursuites... si nous sommes condamnés à nous cacher encore long-temps, nos ressources seront bientôt épuisées, et que devenir, alors? personne au monde ne pourrait s'intéresser à nous!

(Pendant les dernières paroles de Marthe, Burmster a paru au fond à gauche : il s'approche du banc sur lequel la mère et l'enfant se sont assis; il est tout près d'eux à ces mots de S. Marthe : « Personne au monde ne pourrait s'intéresser à nous. » et dit d'une voix douce) :

BURMSTER.

Et moi, Clémentine?

SCÈNE VIII.

S. MARTHE, BURMSTER, HUGUES.

S. MARTHE, effrayée.

Quelqu'un! (Reconnaissant Burmster.) Vous ici, monsieur!

HUGUES, de même.

M. Burmster!

BURMSTER.

Ne m'attendiez-vous pas, Clémentine?.. après ce que j'ai fait pour cet enfant...

S. MARTHE.

Il est donc vrai! c'est vous...

* Marthe, Thérèse, les Soldats, le Brigadier.

BURMSTER.

Moi, qui ai pensé qu'en sauvant le fils, je réparerais une partie du mal que j'ai fait à la mère!

S. MARTHE.

Hugues, mon fils, tombe aux pieds de ton libérateur...

HUGUES, à genoux devant Burmster.

Ah! monsieur!

BURMSTER.

Est-ce là, madame, tout ce que vous direz à votre fils? la place de cet enfant est-elle seulement à mes pieds? dites, ô Clémentine, dites... cet enfant renié le jour de sa naissance par son coupable père; enlevé, dès le berceau, aux embrassemens et à l'amour de sa mère, cet enfant que j'ai cru perdu et que vous avez dû croire mort, dites... je ne me trompe pas... c'est bien lui que je vois?

S. MARTHE, attendrie.

C'est lui!

BURMSTER.

Et vous le mettez à genoux devant moi!.. Oh! mais dites-lui donc, madame, que sa place est sur mon cœur!

HUGUES, se relevant étonné, à S. Marthe.

Que dit-il?.. ma place...

S. MARTHE, lui montrant Burmster.

Sur le cœur de ton père!

HUGUES, au comble de la surprise.

Mon père?

S. MARTHE.

Je peux te le nommer... puisqu'il t'ouvre ses bras.

HUGUES.

Après m'avoir rendu la liberté... oh! mons... mon père!

(Il se précipite dans les bras de Burmster et de S. Marthe. Tous trois confondent leurs embrassemens et leurs larmes.)

BURMSTER.

Mais, Clémentine, quel heureux hasard vous a fait découvrir...

S. MARTHE.

J'avais consacré ma vie au soulagement de ceux qui souffrent. Un jour, il y a dix ans de cela, la Providence m'amena devant le lit de mort d'une femme que je reconnus; c'était elle qui s'était chargée de me faire croire à la mort de mon fils: Dieu permit que cette femme se repentît; elle m'apprit que mon fils pouvait être vivant encore, me dit à quels signes je devrais infailliblement le reconnaître, et mourut. Dix années de ma vie s'écoulèrent à chercher cet enfant dans les maisons d'orphelins, dans les hôpitaux, partout où il y avait des malheureux... et c'est seulement il y a quatre mois que le ciel me l'a fait retrouver dans un jeune ouvrier, qu'on apporta blessé à l'hospice Saint-Magloire.

HUGUES.

Encore, si j'avais eu l'esprit de me faire casser le bras dix ans plus tôt... il y aurait déjà dix ans que je vous aimerais, ma bonne mère... et dire que, de pauvre compagnon menuisier, me v'là fils d'un bourgmestre!

BURMSTER.

Tu es fils d'un simple bourgeois de Stutgard.

S. MARTHE.

Que dites-vous?

BURMSTER.

Pour sauver notre fils, j'ai manqué à mes devoirs de magistrat, je ne devais pas en conserver le titre. C'est moi qui ai pénétré de nuit dans ton cachot, mon enfant; c'est moi qui t'ai fait évader par un chemin que seul je connaissais; c'est moi qui vous ai fait dire mystérieusement de vous rendre ici, Clémentine, dans cette maison que j'avais achetée, pour vous y offrir un asile. Mais tout cela accompli, j'ai dû me démettre de ma charge; d'ailleurs un autre, que j'ai long-temps appelé mon fils, a mis le déshonneur sur mon nom, un déshonneur profond, ineffaçable, celui du crime!

S. MARTHE.

Que je vous plains, mon ami!

BURMSTER.

Je ne suis pas à plaindre, je suis heureux! ma famille à présent, c'est vous, c'est l'enfant que je retrouve aujourd'hui! mon bonheur, c'est celui que je vais me faire près de vous, loin du monde, et de cette position brillante à laquelle ma jeunesse et mon ambition avaient tout sacrifié, et qui ne m'a donné que chagrins et regrets amers!

S. MARTHE.

Et maintenant, vous voulez...

BURMSTER.

Je désire, maintenant, que vous soyez prêts à partir cette nuit...

HUGUES.

Cette nuit?

BURMSTER.

Oui... j'ai tardé jusqu'à ce jour, parce que je voulais aussi que ton départ ne fût pas celui d'un coupable, qui dérobe sa fuite à la justice des hommes; j'ai adressé au prince une demande en grace; c'est la seule récompense que je réclame de quinze années passées à son service; et cependant, j'attends encore la réponse. Mais je retourne à la ville, et dans quelques heures, quand vous me reverrez ici, c'est que tout sera prêt pour notre départ.

S. MARTHE.

Où devons-nous aller?

BURMSTER.

Vous choisirez, Clémentine, loin de ce pays qui nous rappellerait de tristes souvenirs, et ensemble... le bonheur ne peut nous manquer. Jusques-là, de la prudence... que Hugues rentre dans la maison et ne se montre sous aucun prétexte.

S. MARTHE.

Mon ami, je vous accompagnerai quelques pas, et je m'assurerai que notre bonne Thérère a réussi à éloigner la maréchaussée.

BURMSTER.

En effet, votre bonne Thérèse... je ne l'ai pas vue... ce soir, je l'embrasserai aussi... et demain, nous serons tous heureux.

(Il s'éloigne avec S. Marthe par le fond à droite. Hugues les conduit, puis redescend en scène.)

HUGUES.

Je suis là à me tâter pour savoir si j' suis bien éveillé... je retrouve ma mère... mon père! en v'là du bonheur! j' peux pas m'y habituer... c'est comme un habit neuf... si content qu'on soit d' l'avoir sur l' dos, les premiers jours... ça gêne un peu; mais on s'y fait... du bruit... je m'éclipse.

(Il entre dans la maison dont il ferme la porte.)

SCÈNE IX.

VALBENBRACK, WOLFF, UN POSTILLON.

(Ils entrent de la droite. Wolff soutient Valbenbrack et le fait asseoir sur le banc.)

WOLFF, au postillon.

Maladroit! avoir versé notre chaise dans un fossé. (A Valbenbrack.) Comment vous trouvez-vous, mon cher compagnon de voyage?

VALBENBRACK, piteusement.

Un peu mieux... c'est la hanche qui a porté.

WOLFF, au postillon.

Allons, imbécille, à vos chevaux... et voyez à faire relever la chaise. (Bas.) La voiture en lieu de sûreté, et envoie-moi les amis.

(Le postillon sort par la gauche.)

VALBENBRACK.

Que disiez-vous donc à cet homme?

WOLFF.

Croiriez-vous que ce drôle me recommande de ne pas l'oublier?

VALBENBRACK.

C'est indécent... Oh! les reins!.. l'oublier! je le voudrais, que mes côtes s'en souviendraient.

WOLFF.

Je suis forcé de regretter, aujourd'hui, que vous ayez bien voulu accepter une place dans ma voiture. Je m'en veux, maintenant, d'avoir fait connaître dans les salons de la haute société, l'intention où j'étais de quitter

Stutgard, et le désir que j'avais de trouver une personne honorable, qui voulut bien partager ma chaise.

VALBENBRACK.

Moi qui partais aussi, je ne pouvais espérer une plus agréable manière de voyager... rien à payer, et la société d'un savant distingué... un ancien inspecteur...

WOLFF.

Des monnaies... vous êtes bien bon... le plaisir est pour moi.

VALBENBRACK.

Et pour moi l'honneur.

WOLFF, saluant.

Vous me comblez. (A part.) Les autres n'arrivent pas... la conversation devient bien fadasse. (Haut.) Eh! mais, j'y pense... et nos bagages qui sont restés sur la voiture, à la merci du premier venu... et dans la forêt noire! êtes-vous bien sûr de ce postillon?

VALBENBRACK, se levant.

Ce postillon? mais... c'est le vôtre.

WOLFF.

Le mien... c'est juste; mais je dis : êtes-vous bien sûr de lui? il me semble qu'il a quelque chose dans la figure... vous savez... là... dans l'œil...

VALBENBRACK.

Vous croyez qu'il a quelque chose dans l'œil? c'est possible, au reste, mes bagages ne m'inquiètent guères... dans ma valise et dans mon sac de nuit, j'ai fait la part de messieurs les détrousseurs de grande route... du foin et de la paille.

WOLFF, riant.

Ah! c'est très adroit. (A part.) Suite de ton système, vieux ladre! (Haut.) Vous dites comme ce fameux philosophe grec ou bavarois... je porte tout avec moi... et votre tout, c'est ce grand et gros portefeuille... bien enfoncé là... dans votre poche de côté... vous ne l'avez pas perdu, dans la bagarre, ce cher portefeuille?

VALBENBRACK.

Non, non... soyez tranquille.

WOLFF.

C'est que je tiens à votre fortune... comme si elle était à moi.

VALBENBRACK.

Vous êtes trop bon!.. (A part.) Comme il me dit ça.

WOLFF.

Je vous laisse un instant et je vole...

VALBENBRACK.

Vous volez!..

WOLFF.

Je vole à ma chaise et je reviens à vous; je vous recommande notre cher portefeuille. (Wolff sort par le fond à gauche.)

SCENE X.

VALBENBRACK, seul.

Comment! notre cher portefeuille!.. il a un petit air dégagé en parlant de... c'est effrayant, chez un homme qui a tant d'amour pour les monnaies. J'ai peut-être eu tort d'accepter sans connaître; mais j'étais pressé de partir; cette affaire des Hordenstein avait fait du bruit, et puisque j'ai pris le bon parti de tout réaliser et de passer à l'étranger, je ne pouvais trouver une meilleure occasion... partir tout de suite et GRATIS... c'est égal, maintenant que j'y réfléchis, cette place offerte GRATIS... les manières de monsieur l'inspecteur... tout ça me devient suspect. Je ferais peut-être bien de ne pas continuer... entrons provisoirement. (Il va à la porte.) Tiens! la porte est fermée. (Il frappe.) J'attendrai-là... c'est plus sûr.

(Il frappe de nouveau; Hugues paraît à la croisée, où il se montre avec précaution.)

SCÈNE XI.

HUGUES, à part, à la croisée.

Oui, frappe... plus souvent que j'ouvrirai.

VALBENBRACK, criant et frappant.

Eh bien! est-ce qu'il n'y a personne?

HUGUES, à part.

J' connais c'te voix là! (Il se penche et regarde.) Valbenbrack! oh! scélérat! (Criant, tout en descendant l'escalier dans l'intérieur.) On y va! on y va!

VALBENBRACK.

Ah! c'est heureux!.. ah ça! mais vous êtes donc sourd?..

HUGUES, ouvrant la porte et se trouvant nez à nez avec lui.

Et toi, es-tu aveugle?

VALBENBRACK, à part.

Hugues ici! je suis perdu.

HUGUES.

Ah! tu ne m'attendais pas!..

VALBENBRACK.

Que voulez-vous?

HUGUES.

Je veux que tu me rendes la fortune que tu as volée à la famille du colonel Hordenstein.

VALBENBRACK.

Je ne sais pas ce que vous voulez dire, mon cher ami; vous vous êtes déjà fait à ce sujet là une affaire désagréable avec la justice...

HUGUES.

Oh! ce jour là tu as été le plus fin, mais aujourd'hui c'est le plus fort qui aura raison, et le plus fort c'est moi. (Il le saisit à la gorge.)

VALBENBRACK.

Mais vous m'étranglez...

HUGUES, le terrassant sur le banc.

Dis que tu rendras cette fortune, ou je te jure que tu ne voleras plus personne.

VALBENBRACK, criant.

A l'assassin! au secours! au secours!

SCÈNE XII.

VALBENBRACK, S. MARTHE, HUGUES, puis WOLFF.

MARTHE, accourant entre Hugues et Valbenbrack.

Que vois-je?.. arrêtez, Hugues, arrêtez!

HUGUES.

Ma mère, laissez-moi punir cet infâme!

VALBENBRACK.

Par pitié, madame, retenez-le.

S. MARTHE, à Hugues.

Mon enfant! je t'en prie...

HUGUES.

Mais vous ne reconnaissez donc pas l'homme qui vous a volée?

S. MARTHE.

Je le reconnais.

HUGUES.

Et vous le défendez quand je veux le punir?

S. MARTHE.

Je me contente de le mépriser.

VALBENBRACK.

Ah! madame, que de bontés! je vous remercie. (A part.) Je suis sauvé. (Il va pour s'éloigner.)

HUGUES, le suivant.

Oh! je te retrouverai, vieux gredin.

WOLFF, qui vient d'entrer, passant entre eux deux.*

Qu'est-ce?.. mon ami, je vous prends sous ma protection.

HUGUES, venant regarder Wolff sous le nez.

Ah! c'est vous, monsieur l'inspecteur?.. bien, bien... je suis fixé, voleur et compagnie.

WOLFF.

Hein?..

HUGUES, le menaçant.

De quoi?..

S. MARTHE, entraînant Hugues.

Hugues, mon ami, pas d'imprudence, hâtons-nous de rentrer. (Hugues et Marthe entrent dans la maison.)

* Valbenbrack, Wolff, Hugues, S. Marthe.

SCÈNE XIII.

VALBENBRACK, WOLFF, puis MAXIMILIEN, MAURICE, FRÉDÉRIC. DEUX VOLEURS.

WOLFF.

Que diable voulait ce jeune cadet? il vous traite avec une familiarité... il vous a appelé gredin, il vous connaît donc?

VALBENBRACK, tremblant.

Mais vous-même, ne vous a-t-il pas appelé voleur?

WOLFF.

Le polisson en est bien capable.. il ne paraît pas fort sur le choix des mots. Je venais vous prévenir, cher ami, que notre chaise est sur pied.

VALBENBRACK, à part.

Et moi je n'ai plus de jambes.

WOLFF.

Quand vous voudrez partir.

VALBENBRACK.

Partir... mais...

WOLFF.

Est-ce que vous voulez rester?

VALBENBRACK.

Non, non, je ne veux pas rester.

WOLFF.

Alors, vous voulez partir*?

VALBENBRACK, à part.

Je suis entre deux feux, ne pouvoir ni rester avec l'un, ni partir avec l'autre... assommé ou dévalisé, quelle position!

WOLFF.

Venez-vous enfin?

VALBENBRACK.

Mais... la nuit approche, et tous deux seuls dans cette forêt...

WOLFF.

Seuls?.. nous ne le sommes pas. (Montrant les voleurs qui sont entrés.) J'ai trouvé de la société... ces messieurs qui sont en chasse.

VALBENBRACK, les apercevant, à part

Miséricorde!.. si ce sont là des figures de chasseurs!.. ils font assurément la chasse aux chrétiens.

WOLFF, à part.

Ah ça! se décidera-t-il? il est inutile de travailler si près d'une maison habitée. (Haut) Allons, cher ami, ces messieurs nous attendent.

(Il le fait passer.)

VALBENBRACK, très embarrassé.

Mais... je n'ai pas l'avantage de connaître ces messieurs...

MAXIMILIEN, s'avançant**.

Comment, M. Valbenbrack, vous ne reconnaissez pas vos anciens amis?

VALBENBRACK.

M. Maximilien!

MAXIMILIEN.

Oui... Maximilien qui n'a rien oublié... Maximilien à qui vous avez refusé l'argent qu'il vous demandait à genoux et les larmes aux yeux... Maximilien, enfin, que vous avez perdu par un premier prêt usuraire, et que vous n'avez pas voulu sauver quand il en était temps encore.

VALBENBRACK, tremblant.

J'ai eu tort, cent fois tort... mais...

MAXIMILIEN.

Aujourd'hui, usurier, je n'emprunte plus en suppliant; aujourd'hui je prends le poignard à la main; c'est toi qui l'as voulu, toi qui m'as fait ce que je suis, c'est donc toi seul que tu dois accuser. Si tu n'avais pas fait de moi un faussaire et un voleur, tu ne me retrouverais pas aujourd'hui devenu assassin!..

VALBENBRACK, à genoux.

Grace! grace!.. que vous faut-il?

MAXIMILIEN.

Il faut nous suivre.

* Wolff, Valbenbrack.

** Maximilien, Valbenbrack, Maurice, Wolff.

VALBENBRACK.

Non, non, je ne vous suivrai pas. (On l'entraîne.) Grace! au secours! au se...

(On le bâillonne ; tous disparaissent par la droite. La nuit est venue.)

SCÈNE XIV.

THÉRÈSE, HUGUES.

THÉRÈSE, arrivant de gauche, une lanterne à la main, et portant un panier.

Enfin!.. trois lieues avec ce panier, c'est long et lourd. j'étais pas trop rassurée moi, la nuit, dans c'te forêt... Hein? (Ecoutant.) Ah! mon Dieu!.. des gémissemens; est-ce qu'en mon absence?.. Hugues, es-tu là? au secours!

HUGUES, sortant de la maison.

C'est la voix de Thérèse.

THÉRÈSE.

Ah! te voilà! j'ai tremblé pour toi... mais on assassine quelqu'un.

HUGUES.

Des assassins!.. attends, il y a un fusil dans la maison.

(Il rentre dans la maison; des gendarmes arrivent de la gauche.)

LE BRIGADIER.

D'où viennent ces cris?

THÉRÈSE, indiquant la droite.

Tenez, de ce côté, au bout de la clairière. (Les gendarmes disparaissent par la droite.) Oh! les scélérats!.. pourvu que les gendarmes arrivent à temps!

(On entend des coups de feu dans la coulisse à droite.)

SCÈNE XV.

HUGUES, armé d'un fusil, MAXIMILIEN, BURMSTER, MARTHE, THÉRÈSE.

BURMSTER, arrivant de la gauche.

Des coups de feu! un assassinat sans doute. (Regardant à droite.) Un des meurtriers se sauve de ce côté. (Maximilien paraît, les vêtemens en désordre, le poignard à la main; Burmster lui barre le passage.)

MAXIMILIEN, le poignard levé.

Passage, ou tu es mort!

HUGUES, qui a reconnu Burmster.

Que vois-je? mon père!

(Il décharge son fusil sur Maximilien, qui tombe blessé à mort.)

MAXIMILIEN, tombant.

Ah!

BURMSTER, le reconnaissant.

Maximilien!

HUGUES.

Et c'est moi qui l'ai tué! (Il se met à genoux près de lui et le soutient.)

MAXIMILIEN.

Merci, Hugues, merci.. tu m'as épargné le plus grand des crimes : sans toi j'étais parricide!.. tiens, prends ce portefeuille, c'est la fortune de ta bienfaitrice...

HUGUES, prenant le portefeuille, qu'il donne à Marthe.

De ma mère!

MAXIMILIEN.

Valbenbrack... est mort; mon père... ne me maudissez pas. (Il meurt.)

SCÈNE XVI.

LES MÊMES, LE BRIGADIER, GENDARMES amenant prisonniers WOLFF, MAURICE, FRÉDÉRIC.

LE BRIGADIER.

Un meurtre vient d'être commis; la victime a déclaré en mourant que nous devions trouver ici le nommé Hugues, échappé des prisons de Stutgard.

BURMSTER, s'avançant et montrant Hugues.*

Monsieur le brigadier, voici le jeune homme que vous cherchez. (Montrant un papier.) Et voici la grace de ce jeune homme, que le prince a bien voulu signer aujourd'hui. Vous me reconnaissez sans doute, je suis Burmster. Demain, je quitte l'Allemagne et je pars pour la France... (Montrant Marthe) avec ma femme, (Montrant Hugues et Thérèse.) et mes deux enfans.

* Gendarmes et voleurs prisonniers, le brigadier, Burmster, Marthe, Hugues, Thérèse.

FIN.

www.ingramcontent.com/pod-product-compliance
Lightning Source LLC
LaVergne TN
LVHW012006160826
845678LV00002B/696
* 9 7 8 2 3 2 9 6 6 4 6 5 1 *